再孤单的人也有同类

余光中 / 蒋勋 / 朱天心 等著
宇文正 主编

江苏凤凰文艺出版社
JIANGSU PHOENIX LITERATURE AND ART PUBLISHING, LTD

图书在版编目（CIP）数据

再孤单的人也有同类 / 余光中等著. -- 南京: 江苏凤凰文艺出版社, 2019.2
ISBN 978-7-5594-3191-2

Ⅰ. ①再… Ⅱ. ①余… Ⅲ. ①散文集 - 中国 - 当代 Ⅳ. ①I267

中国版本图书馆CIP数据核字（2019）第009596号

书　　名	再孤单的人也有同类
作　　者	余光中 等著
责任编辑	曹　波　王昕宁
出版发行	江苏凤凰文艺出版社
出版社地址	南京市中央路 165 号，邮编：210009
出版社网址	http: //www.jswenyi.com
发　　行	北京时代华语国际传媒股份有限公司　010-83670231
印　　刷	北京中科印刷有限公司
开　　本	880 × 1230 毫米　1/32
印　　张	8
字　　数	150 千字
版　　次	2019 年 2 月第 1 版　2019 年 2 月第 1 次印刷
标准书号	ISBN 978-7-5594-3191-2
定　　价	48.00 元

目录

Contents

第一章

孤独是一场自在的独行

也许孤独是爱的意味深长的赠品，受此赠礼的人从此学会了爱自己，也学会了理解别的孤独的灵魂和深藏于它们之中的深邃的爱，从而为自己建立了一个珍贵的精神世界。

第二章

愿成长不哀伤

我不相信我们的努力毫无意义。我不相信，最好的时光，只能存在于过去和回忆中。每一个回忆，都在成长的路上熠熠发光，每一次成长也都在铸造更美的将来。

第三章

人生最美是清欢

在复杂的世界里，做一个简单的人。以清静心看世界，以欢喜心过生活。愿你能从浮躁的世界找到内心的平静。不浮不躁，不慌不忙，淡定从容地过好这一生。

第四章

路过皆美好

乡愁可说是以蛛网、尘灰和泪水、口水糊起来的东西，七分浪漫，三分无奈，固然无法摆脱，却也不能太过当真。

第五章

时光深处的优雅

人无法靠其他事物壮大自己，“一”仅仅是如实反映出质数的自身。而那正是一种了解自我的契机，唯有如此，才终能开始面对真正的自我，在岁月的打磨中愈加光彩夺目。

孤独是一场自在的独行 1

第一章

也许孤独是爱的意味深长的赠品，受此赠礼的人从此学会了爱自己，也学会了理解别的孤独的灵魂和深藏于它们之中的深邃的爱，从而为自己建立了一个珍贵的精神世界。

…

灭烛，怜光满

蒋勋 / 文

不知道为什么一直记得张九龄《望月怀远》这首诗里的一个句子——灭烛怜光满。

明月从海洋上升起，海面上都是明晃晃的月光。大片大片如雪片纷飞的月光，随着浩瀚的水波流动晃漾。月光，如此浩瀚，如此繁华，如此饱满，如此千变万化，令人惊叫，令人啧啧赞叹。

诗人忽然像是看到了自己的一生，从生成到幻灭，从满树繁花，如锦如绣，到刹那间一片空寂，静止如死。刹那刹那的光的闪烁变灭，刚刚看到，确定在那里，却一瞬间不见了，无影无踪，如此真实，消逝时，却连梦过的痕迹也没有，看不到，捉摸不到，无处追寻。

诗人的面前点燃着一支蜡烛，那一支烛光，晕黄温暖，照亮室内空间一角，照亮诗人身体四周。

也许因为月光的饱满，诗人做了一个动作，起身吹灭了蜡烛的光。

烛光一灭，月光顷刻汹涌进来，像千丝万缕的瀑布，像大海的波涛，像千山万壑里四散的云岚，澎湃而来，流泻在宇宙每一处空隙。

“啊——”诗人惊叹了，“原来月光如此丰富饱满——”

小时候读唐诗，对“怜光满”三个字最无法理解。“光”如何“满”？诗人为什么要“怜光满”？

最好的诗句，也许不是当下的理解，而是要在漫长的一生中去印证。

“怜光满”三个字，在长达三四十年间，伴随我走去了天涯海角。

二十五岁，从雅典航行向克里特岛的船上，一夜无眠。躺在船舷尾舵的甲板上，看满天繁星，辨认少数可以识别的星座。每一组星座由数颗或十数颗星子组成，在天空一起流转移动。一点一点星光，有他们不可分离的缘分，数百亿年组织成一个共同流转的共同体。

爱琴海的波涛拍打着船舷，一波一波，像是一直伫立在岸边海岬高处的父亲“爱琴”（Aegean），还在等待着远航归来的儿子。在巨大幻灭绝望之后，“爱琴”从高高的海岬跳下，葬身波涛。希腊人相信，整个海域的波涛的声音，都是那忧伤致死的父亲永世不绝的呢喃。那片海域，也因此就叫作爱琴海。

爱琴海波涛不断，我在细数天上繁星。忽然船舷移转，涛声汹涌，一大片月光如水，倾泻而来，我忽然眼热鼻酸，原来“光”最美的形容咏叹竟然是“满”这个字。

“怜”，是心事细微的振动，像水上粼粼波光。张九龄用“怜”，或许是因为心事震动，忽然看到了生命的真相，看到了光，也看到了自己吧。

一整个夜晚都是月光，航向克里特岛的夜航，原来是为了注解张九龄的一句诗。小时候读过的一句诗，竟然一直储存着，是美的库存，可以在一生提领出来，享用不尽。

月光的死亡

二十世纪以后，高度工业化，人工过度的照明驱赶走了自然的光。

居住在城市里，其实没有太多机会感觉到月光，使用蜡烛的机会也不多，张九龄的“灭烛怜光满”只是死去的五个字，呼应不起心中的震动。

烛光死去了，月光死去了，走在无所不侵入的白花花的日光灯照明之下，月光消失了，每一个月都有一次的月光的圆满不再是人类的共同记忆了。

那么，“中秋节”的意义是什么？

一年最圆满的一次月光的记忆还有存在的意义吗？

汉字文化圈里有“上元”“中元”“中秋”，都与月光的圆满记忆有关。

“上元节”是灯节，是“元宵节”，是一年里第一次月亮的圆满。

“中元节”是“盂兰盆节”，是“普度”，是把人间一切圆满的记忆分享于死去的众生。在水流中放水灯，召唤漂泊的魂魄，与人间共度圆满。

圆满不只是人间记忆，也要布施于鬼魂。

在日本京都岚山脚下的桂川，每年中元节，渡月桥下还有放水灯仪式。民众在小木片上书写亡故亲友姓名，或只是书写“一切众生”“生死眷属”。点上一支小小烛火，木片如舟，带着一点烛光放流在河水上，摇摇晃晃，飘飘浮浮，在宁静空寂的桂川上如魂如魄。

那是我又一次感觉“灭烛怜光满”的地方，两岸没有一点现代照明的灯光，只有远远河上点点烛火，渐行渐远。

光的圆满还可以这样找回来吗？

岛屿上的城市大量用现代虚假丑陋的夸张照明杀死自然光。杀死月光的圆满幽微、杀死黎明破晓之光的绚丽蓬勃浩大，杀死黄昏夕暮之光的灿烂壮丽。

我们为什么要这么多的现代照明，高高的无所不在的丑恶而刺眼的路灯，使人喧嚣浮躁，如同噪音使人发狂，岛屿的光害一样使人心躁动浮浅。

“光”被误读为“光明”，以对立于道德上的“黑暗”。

浮浅的二分法鼓励用“光明”驱赶“黑暗”。

一个城市，彻夜不息的过度照明，使树木花草不能睡眠，使禽鸟昆虫不能睡眠，改变了自然生态。

“黑暗”不见了，许多生命也随着消失。

消失的不只是月光、星光，很具体的是我们童年无所不在的夜晚萤火也不见了。

萤火虫靠尾部荧光寻找伴侣，完成繁殖交配。童年记忆里点点萤火忽明忽灭的美，其实是生命繁衍的华丽庄严。

因为光害，萤火虫无法交配，“光明”驱赶了“黑暗”，却使生命绝灭。

在北埔友达基金会麻布山房看到萤火虫的复育，不用照明，不用手电筒，关掉手机上的闪光，萤火虫来了，点点闪烁，如同天上星光，同去的朋友心里有饱满的喜悦，安详宁静，白日喧嚣吵闹的烦躁都不见了。

“灭烛怜光满”，减低光度，拯救的其实不只是萤火虫，不只是生态环境，更是那个在躁郁边缘越来越不快乐的自己吧。

莫奈的《日出·印象》

欧洲传统绘画多是在室内画画，用人工的照明烛光或火炬营造光源。有电灯以后当然就使用灯光。

十九世纪中期有一些画家感觉到自然光的瞬息万变，不是室内人工照明的单调贫乏所能取代，因而倡导了户外写生，直接面对室外的自然光（En plein air）。

莫奈就是最初直接在户外写生的画家，一生坚持在自然光下绘画，寻找光的瞬间变化，记录光的瞬间变化。

莫奈观察黎明日出，把画架置放在河岸边，等待日出破晓的一刻，等待日出的光在水波上刹那的闪烁。

日出是瞬间的光，即使目不转睛，仍然看不完全光的每一刹那的变化。

莫奈无法像传统画家用人工照明捕捉永恒不动的视觉画面，他看到的是刹那瞬间不断变化的光与色彩。

他用快速的笔触抓住瞬间印象，他的画取名“日出·印象”，他画的不是日出，而是一种“印象”。

这张画一八七四年参加法国国家沙龙比赛，没有评审会接受这样的画法，笔触如此快速，轮廓这么不清晰，色彩这么不稳定，这张画当然落选了。

莫奈跟友人举办了“落选展”，展出《日出·印象》，报道的媒体记者更看不懂这样的画法，便大篇幅撰文嘲讽莫奈不会画画，只会画“印象”。

没有想到，“印象”一词成为划时代的名称，诞生了以光为追寻的“印象派”，诞生了一生以追逐光为职志的伟大画派。

石梯坪的月光

石梯坪在东部海岸线上，花莲县南端，已经靠近台东县界。海岸多岩块礁石，礁石壁垒，如一层一层石梯，石梯宽阔处如坪，可以数十人列坐其上，俯仰看天看山看海。看大海壮阔，波涛汹涌而来，四周惊涛裂岸，澎轰声如雷震。大风呼啸，把激溅起的浪沫高扬在空中吹散成云烟。

我有学生在石梯坪一带海岸修建住宅，供喜爱东部自然的人移民定居，或经营民宿，使短期想远离都会尘嚣的游客落脚。

我因此常去石梯坪，随学生的学生辈扎营露宿，在成功港买鱼鲜，料理简单餐食，大部分时间在石梯坪岩礁上躺卧坐睡，看大海风云变幻，无所事事。

石梯坪面东，许多人早起观日出，一轮红日从海平面缓缓升起，像亘古以来初民的原始信仰。

夜晚在海边等待月升的人相对不多，月亮升起也多不像黎明日出那样浩大引人敬拜。

我们仍然无所事事，没有等待，只是坐在石梯坪的岩礁上聊天，但是因为浪涛声澎轰，大风又常把出口语音吹散，一句话多听不完全，讲话也费力，逐渐就都沉寂了。

没有人特别记得是月圆，当一轮浑圆明亮的满月悄悄从海面升起，无声无息，一抬头看到的人都“啊——”的一声，没有说什么，仿佛只是看到了，看到这么圆满的光，安静而无遗憾。

初升的月光，在海面上像一条路，平坦笔直宽阔，使你相信可以踩踏上去一路走向那圆满。

年轻的学生都记得那一个夜晚，没有一点现代照明的干扰，可以安静面对一轮皓月东升。我想跟他们说我读过的那一句诗——灭烛怜光满，但是，看到他们在宇宙浩瀚前如此安静，看到他们与自己相处，眉眼肩颈间都是月光，静定如佛，我想这时解读诗句也只是多余了。

蒋勋

福建长乐人。1947年生于古都西安，成长于宝岛台湾。台北中国文化大学史学系、艺术研究所毕业。1972年负笈法国巴黎大学艺术研究所，1976年返台后，曾任《雄狮美术》月刊主编，并先后执教于文化大学、辅仁大学，担任东海大学美术系系主任。

质数

徐孟芳 / 文

我其实是个质数。

初中一年级那年，由数学课本中读到此类数字的定义，我将那段解说用荧光笔涂得金黄："质数：就是一个正整数，除了本身和1以外并没有任何其他正整数因子。例如2、3、5、7是质数，而4、6、8、9则不是，后者称为合数。"也就是说，质数，除了它自己和每个数字都能够拥有的"一"之外，没有其他数字可以组成，它跟其他数字无涉，它仅仅是自己，它仅仅拥有自己。这堂课的上一堂是体育课，老师要求全班分组，每组六人，全班三十七人；一阵哄闹各自带开后，有一个人还留在原地，是我。

没错，37是质数。因为是质数，我才会无组可入。体育老师的数学一定很差，连6除不尽37都无法理解，竟还笑着对我说："哈哈，三十七号你人缘怎么那么坏？竟然没有人要跟你一组！”我用荧光笔背诵质数定义的同时，也试图抹去体育老师居高临下睥睨我的神气及话语，然而，每一字的萤亮，却如同体育老师身后令人晕眩的日光，不仅刺眼，我的脸颊也跟着持续热烫。

就算是质数，除了本身之外，也还拥有那个“一”。老师在课堂上兴致勃勃地要我们练习指认质数，找出在一百之内还有哪些？（53、59、61、79……）我却分心思索起自身的“一”——那平凡的、每个数字都能拥有的，对我而言，却是除却自身之外、独一无二可以共同组成我的因子。我的“一”不会是平常结伴上厕所的那个女生，她在体育课时遗弃了我，和其他人练习投球，笑得那么灿烂。那么，谁是那位能一直在我身旁，陪伴着我的“一”？

返家后我对母亲谈起在学校所受的霸凌。父亲早逝，家中除了我与母亲外，没有其他亲人，母亲毫无疑问是我的“一”，也是我能依赖的唯一。她在厨房，奋力翻炒青菜，工作时的衣服还来不及换下，油烟弥漫，我一句句吼着，那些抱怨却仿佛在进入母亲耳朵前就被锅铲敲碎。炉火太大，油锅过热了，青菜一下子就焦黄软烂。母亲没好气地起锅，盛盘，转身摔放在餐桌上，声响有些大，我住了嘴。母亲看着饭桌低声说：“快添饭吧，菜一下就凉。肉都热好了，不要挑东挑西要新鲜的菜才吃。我做饭是很辛苦的，你都不懂，也不尊敬我。学校老师会这样笑你，一定也是因为你平常不够尊敬他们。你要检讨自己，不要老是怪别人。你把成绩顾好就好，老师都会比较疼爱第一名啊。”

数字大小与身为质数两件事毫无瓜葛，101比4大得多，而4这个最小的合数还有2是它的好伙伴，101都大过100了，它还是只有自己与“一”。我默默承受众人的不理解，自觉成为一个孤怪别扭的质数，但越是如此我越有好多话想说，想要讲得好大声，甚至在内里费尽气力地嘶吼，只为求得一个“一”的支持。但我总是一个人午餐，只有铁汤匙一道、两道刮着便当盒底的声响伴着我吞咽；校外教学时，位子永远被分配在班导身边，那些迢遥而来同学分享的零食，总在身后戛然而止，横向传递到另一排座位；费尽心思讨好的那个女生，对我抱歉地说：我不能跟你玩喔，他们会生气；回到家，每一次想诉说什么，母亲总是背对我，炒菜、洗衣、打扫、抹桌、拖地。我始终盼不到“一”的理解。我坐回桌前，翻开数学课本，紧盯着“质数”一节思索，在算式里，作为正因数的“一”是不会离开质数的，它以乘号与质数紧紧相连。如果具体的他人终有转身离开我的可能，不就悖反了质数与“一”之间的定义？我恍然大悟，原来对人的渴求、依赖并非正确解答，我的“一”，得再从别处求。然而，除却与人的接触，我窄仄的天地里，还能有什么去处呢？

我开始阅读。“阅读”是最适合一个人进行的行为，毫无落单的疑虑，它要求静默，摒除和人交谈的需求。我在图书馆，拿起书，坐定在某一处，沉入书中世界。在此，我不再是被他人抛下的，是我选择背对那些喧哗。一开始仅仅是装模作样，但我渐渐发现，手中捧读的，往往是其他质数的孤独。这一册册的创作，使我了解到，在广漠人世里，不只我是落单者：正如37后面有41、101前面有97，身为质数，在数列里，我们无法紧挨着取暖，总是隔着许多无法理解我们的他人，但那孤独正是因为身具的奇特性质而来。那么，我，与其他亲爱的质数，难道不正因此是特别的？于是才终于相信，自己不是被除法剩下的那孤绝丁零的余数，而是个不需他人合成的质数。后来，我体会到这些同为质数者，是以写作面对自身的孤绝、痛苦，且仿佛因此得到救赎；同时，也正因其出众的书写，写定了自身价值。我惊喜地发现，那不会离开自我的“一”，能与自身紧紧相系的，原来正是“写作”。

自此，我以写作，抵抗外在世界的粗砾与冷漠。“一”的“正因数”性质以及“乘号”的加乘作用，对我而言是正增强的暗示，于是，透过写作，仿佛壮大了自己。我写日记，写诗，也写应考作文。日记里反省现实生活的种种失落无明，总是对自己喊着：“你可以的，要加油哦！”来充填寂寞所蚀出的空洞；诗里寄托现实中无从宣泄的抒情，丽藻美辞堆叠出斑斓未来的图像，轻盈似蝶，翩翩振翅带我飞越眼前的荒芜；而应考作文，却成为我与现实联结的界面。我因为它，得到了师长的青眼，得到除了考试成绩之外，另一个测定我的标准，不再无所依凭，以此写就了自己：上高中，选择文科，凭“天赋优异”进入中文系，顺利成为教师。

我因此非常快乐。质数不需要他者合成，却可以和他人相乘，成就出更大的数字，这时本身的数值大小成了关键。合成数没有伙伴后会分崩离析，数值巨减；我一个人，却可以选择成为他人的伙伴，或否，而不会使本身的数值有任何减损。质数的孤独，在自信之后一转而为独立。对我而言，不再有什么是必需的，除了写作，可以靠着写作如此一生走下去。而书写，仅仅是为了自己，写者是我，读者也是我。就算只是日记、碎语，那又何妨？

偏偏我十分顺利，在教书之余考取了文学研究所，最后一年停薪留职以完成论文写作。首次，生活中只需面对“写作”，以及随之而来的庞沛阅读。而一篇论文的写就，是理性思维贯注的过程，是一册书的完成，不是看过即丢的应考作文，更非情绪泛滥的小诗。我的“一”闪闪发光，预示我以更远大的抱负。

我却无法直视它。

仿佛回到了初中初识质数那一日，那定义里我所忽略的是，质数具有本身与“一”的因子，质数拥有“一”的相伴。但是，如果将焦点由质数转移至“一”身上，“一”难道不会有自己的理想吗？当“一”需要成就更巨大的数值时，我会是那个够格的数字吗？面对写作，仅是抒发情绪、与自我对话，就够我满足。

我在其中，嘶吼、流泪、疗伤、痊愈，不需要注脚，不需要某学者如此说，不需要突破前行研究的题目。然而，论文写作却需求外于自身经验的命题、说服他人的思辨演绎。当“书写”有了层次之分，我与写作之间，竟产生拉扯的苦痛。

每一次，发现自身的无能，我总认为是“一”的内容错误了，于是明快切换——当年体育课后我与那位女同学绝交，之后考试时再也不把答案借她抄，在她因不及格被老师处罚时，我仅是淡漠以对；面对母亲对我的疏忽，则是经由考试，出走至其他县市，远离家乡，以合理的借口，掩饰我的寡情；如今对于写作论文的无能，我开始质疑语言、文字的意义，决定不再困坐桌前掏挖自己，转而向外跑去，如同逃难般，跟着登山社跑校园马拉松。在肺部缺氧、心跳剧烈、小腿酸痹、全身汗湿时，我不需要和文字相处，不需发明说法说服他人，我只需和自己软弱的肉体抗衡。接着，我决定离开形而上的思辨，做更具体的实践，以肉身的锻炼，更迫近自己，期许在抖落文字之后，更确立出自我的意义与信心。总是这样的，经过一次次痛苦挣扎后获致的心得、与每个不同的“一”相乘之后，总能得出越变越好的新我。

所以，我和登山社去山训，路勘一座百岳。出发前，我慌乱采买排汗衫、雨鞋，借了溯溪鞋、登山大背包、睡袋、头灯、防风外套、头巾、两截式雨衣、棉质手套、指北针。跟着登山社同学，煞有其事地描绘了山的地形图，沿着等高线以绿笔描出山棱走向、蓝笔画出溪水流向、红笔勾勒出行进方向。但我几乎忘了，纸上谈兵的过程是透过比例尺缩小的，真正等着我的，是一步、一步，又一步再一步，漫长而酷烈的实践。

我们搭乘晚间客运，到达台中再转搭私人小巴，一路颠簸至登山口。清晨五点半，整队出发。我背着高过头顶的大背包、种种物资以及连续失眠两日的身心，一步一抖颤地沿着既有的登山路径向上爬升。那本该是最轻而易举的部分，我却因不惯背包所造成的压力，不懂如何运用身体力量，抓不到举步重心，而气喘不已。因为我的缘故，导致队伍进度严重拖沓。迟缓地登上了北山主峰，和纪录碑石合照后，真正的路勘原来才要开始，我们要一路向下纵走，下切溪谷，在河边扎营。过午时分，我们喝水，吃干粮。太阳很烈，风却冻人。我又喘又冷，鼻内黏膜因空气冰冻而渗血，猛一吸都是铁锈味。我们沿山棱下切，脚要打横踩，以鞋底与莽草为折冲，沿着山壁攀缘而下。俯瞰脚底，那高度与稀薄空气同时令我晕眩。虽然伙伴一直勉励我，要放低重心，山上的草木坚韧，足以撑住我们的体重，然而箭竹刺手割股，在每一次我控制不住的跌滚、紧抓时，总是锥心刺疼，摊开手掌，红星点点。大背包如同死尸般沉沉压制着，伙伴们却迅捷地一个个越过我远去。我狼狈不已，深刻感受到肉体的软弱颓塌，我所信仰的这新“一”，难道无法如同以往般加乘出更美好的自己吗？我已经勇敢迈步做出一次又一次的实践，难道还不够吗？

漫长而重复的攀爬、翻越，我们是群渴累的兽，水源可望却不可及。终于，只要再穿越一大丛沿着溪谷生长的箭竹密林，就可以顺利抵达扎营。我们奋不顾身，一个大包接着一个奔进箭竹林。然而，生于山背的箭竹，张扬茂盛，蓊郁幽冷。我们马上发现，箭竹过密、过高，如同天然筛网，卡住每一个人的身体，它尖锐又坚韧，不怕拗折，以徒手与它相拼，它还我以惊人的弹性，头身过了，它还攫住我的背包，拼却一切气力要脱离它，于是我继续撞上前面的箭竹，而咻的一声，它回旋击中我身后的伙伴。

暮色渐暗，我们听得到水声，却迟迟看不见光。

我为了智识上的困境，搭车南下，翻山越岭，没想到竟使自己陷落至真正的难题。我勘不了山，它的广袤深邃，远远超越我脆弱的肉体，以一片箭竹林，就足以围困我，使我不辨东西，视觉瘫痪，仅能以肉体去冲撞，一再奋力，却是突围无望。原本凭恃的技能在此竟完全废然无用，我才恍然明白自身的渺小；才感到出发前那形而上的困斗，多么无谓；才领悟到质数与“一”的真正关系。

原来，“一”之于我，是一种诚实的反映。我总是忽略了，质数的因式分解算式中，那等号后面，永远是质数本身。“一”何曾影响、改变了什么？我的缺损或不幸，是我自身招致的问题。但我先是依赖它，而后诿过于它，却未理解到，“一”的存在，仅是反映出自我真正的样貌，那种种脆弱与虚妄；透过它的映照，身为质数的我，才能有再一次确认的机会：究竟，何为我，或，我为何为我。登山无成，说明了我的躁进与逃避，更谕示了我，什么样的境地才能称得上是“困境”，那些莫名的烦恼，全不及眼前一株株箭竹与将夜的暮色具体。母亲、中学时的同学甚至是嘲笑我的师长，也许正揭露出我对他人情感上的懒惰与匮乏。我一直都误解质数的定义，我背诵它，却没能领悟它与“一”之间的真义是：人无法靠其他事物壮大自己，“一”仅仅是如实反映出质数的自身。而那正是一种了解自我的契机，唯有如此，我才终能开始面对真正的自我。

后来，有伙伴敏锐探知竹林旁有一处山溪沟谷，沟谷垂直平滑，水流浅缓，向导同学指引我们旁切过去，再以接绳方式，一一垂缒我们这批新手安全抵达河谷。夜正来临，星，一颗接一颗缓缓璀璨了整座夜空。登山社伙伴们汲水、扎营，生火、煮食，我负责下面，却煮得半生不熟。他们笑着说：“唉，你就只会写文章，回去写篇游记，将功折罪。”吃食间，有人歌唱，有人指认星座，我抬头望着那片奢侈的星夜，光辉纵有等级不同，却正因其参差，方共同豁显了大美。此时，我才真正明白，不论是合成数、质数或“一”，最终，也仅是数字之一。

徐孟芳

台湾作家。

真山真水

林谷芳 / 文

常有人问我，为何中国没出现枯山水？原因很多，就禅而言，枯山水的静观默照，缘自默照禅的修行，但在中国，所谓“临天下，曹一角”，临济的看话禅既席卷禅林，曹洞的默照禅就只能僻处一隅，所以无有枯山水。

然而，在禅之外，中国文化之于人于艺，那“游”的态度更是个根本原因。中国的禅风较活泼，日本禅则较内敛，也所以，谈中国生命之与自然，固不能只及于江南庭园的假山假水，也无以类比于日本枯山水的非山非水，却必得在真山真水中寻。

真山真水，所以李白“一生好入名山游”，而有几年，我带着研究生移地参学，也造访了桐庐的富春江。

富春江一路山光水色，上游又有着画史上重要的新安画派，源头更有“归来不看岳”的黄山，这些当然都深深吸引着我，但富春江何其长也！选择桐庐一地，原因却只一个：想亲临严子陵钓鱼台。

称钓鱼台的地方不少，严子陵钓鱼台可是其中最不像的一个，它离江面数十米，即便姜太公“离水三尺，愿者上钩”的一钓，在此都无用武之地。

无用武之地，名，可能是讹传，但无论如何，钓鱼台之出名，根柢还因严子陵，有他，所以何其多的钓鱼台，而让人心向往之的，却只这一处。

严子陵何许人也？他名光，是汉光武的至交，与汉光武关系之亲可从两人共卧的这一段故事看出：

因共偃卧，光以足加帝腹上。明日，太史奏客星犯御座甚急，帝笑曰：“朕故人严子陵共卧耳。”

这样的人在汉光武得天下后，被授谏议大夫不仕，反选择了南方的富春江，隐于七里泷，而也就这选择，他成了山林高士的象征，遂使千年后宋名臣范仲淹在被贬路过富春江时，遥想斯人，无限感慨，乃写了收在《古文观止》中的《严先生祠堂记》，文中写严光的末四句更成了千古名句：

云山苍苍，江水泱泱；

先生之风，山高水长。

就因这故事，富春江乃不只是中国诸多可游可隐之地，而山水也才不只是寻常的山水。所谓山不在高，就因有生命情性的对应，而若无山水的放怀，中国这深受儒家影响的文化，又如何在绵密规矩的人际网络中有呼吸吞吐的空间？谈中国，为何得谈这真山真水的生命？原因也在于此。

就这样，中国水墨才以山水为宗。为宗，来自水墨的气韵生动，善写山川；为宗，更来自道家的拈提。自然哲学的庄子笔下，其间的生命就是最造极的艺术生命，所以“庄老告退，山水方滋”；但为宗，更来自生命实际的需要，没这山水，生命的干枯、压抑、扭曲乃可以想见。

宋之后许多儒者的一偏正是如此，影响所及，中国文化的气象也就衰颓，士大夫如此，民间亦然：不少朋友参访山西的王家、乔家大院，总表示出来时的心情是沉重的。不错，这些大院民宅，象征着家族能量的扩充，但绵密无缝的建筑群中，任何一个构建，一个窗花、一个图案却都直指那光宗耀祖、永世其昌的愿望，那天地君亲师，未得逾分的规矩，所以从家族兴败看，何其大，但从生命吞吐言，却又让人何其窒息！

坦白说，这样的大院在华北有其必然，自然生态早被破坏，人与天争、人与人争之下，生存，就不得不回到人与人根本的联结，可它的副作用也极大。但同是民居，在江南便不同，尽管许多人到了西递大宅，许多人看到了牌坊群，就像在大院般，有太多的礼教影子，可一般民居，日子虽清苦，却还环绕着青山绿水、朝霞暮霭，于是就仍有着“日出而作，日入而息，凿井而饮，耕田而食，帝力于我何有哉？”的恬适与安然。

这恬适与安然来自直接地面对山川，人置身山川，就溶于山川。溶，所以无我，而以无我写山川，山川就只是白描。在富春江畔，立于钓鱼台，望着连绵的山川，才发觉黄公望的《富春山居图》竟就是直接的抒写，画家只不过将真山真水直接置诸笔墨。

这是中国的写实，是入于无我的直抒，却又不是客观复制的描摹，到此，“外师造化”与“中得心源”变成为同一件事；而也正因是同一件事，中国山水画中的人物才如此之小，可胸罗的天地却又如此之大。

造化即心源，使中国画以山水为宗。从范宽巨碑山水的《溪山行旅》到倪云林“一河两岸”、萧疏淡泊的《容膝斋图》，从逸笔聊写的《鹊华秋色》到石涛、渐江的《黄山图》，生命情性总在山水里得到对应与消融。也因此，透过山水，我们乃可以超越时空，而近一千年相隔的范仲淹与严子陵也才可以无隔。

造化即心源，一样出现在音乐里。中国乐曲多在抒写自然，从放情山水的《春江花月夜》，到江楼望月、借景抒怀的《月儿高》，从田园自适的《平沙落雁》，到云气翻腾、满头风雨的

《潇湘水云》，哪首乐曲不是经典。也所以尽管借琴抒怀，伯牙、子期的共同点仍是“巍巍乎，高山；荡荡乎，流水”。

流水，谈琴曲的确不得不谈《流水》，这随航行者太空船入于浩渺宇宙，代表中国与外星智慧照面的乐曲，从涓涓细流写到长江广河，有人以为即唐曲《三峡流泉》，而听来也确有三峡之景历历在目之感。其中幽然的泛音段，每让我想起清晨入瞿塘的一段景色，渔网撑挂于江，几名村妇就在江岸打水洗衣，远处夔门矗立，晨曦下波光粼粼，真是一幅千百年来不变的景象。

的确，就因这人与自然的千古相依，近人管平湖弹《流水》，在曲中描述回流急湍的“七十二滚拂”段，乃依然不见澎湃，船行依然自在，不似今人总在此凸显琴家的技巧或段落的对比，但结果是：有了人，却无有了山川。

有人，于艺术、于生命就有隔，琴曲《水仙操》有这样的故事：伯牙习琴于成连，始终未能“精神寂寞、情志专一”，成连于是带他至蓬莱见己师，却又将其一人独置于海边，令其领略海水汩汲澌澌之声，以及山林窅冥、群鸟悲号之情，伯牙于此大悟，才知真正的老师是自然，终成天下妙手。

的确，山川原自在那，要体得，就须让山自在、水如来，所以苏轼在庐山才会有如此的感慨：

溪声便是广长舌，

山色岂非清净身；

夜来八万四千偈，

他日如何举似人？

山色不动，溪声广长，你要会得，只能直入，只能亲炙；在此，心行处灭，言语道断，人与造化，无二无别。

亲炙，当然得有些缘分，所以尽管自小就知道严子陵与富春江的七里泷，知道黄公望的《富春山居图》，却得等到不惑之后，才有缘入于此真山真水，才真能契于此真山真水中的生命。

无缘亲炙，也可有所补足。所以文人用笔书写江山，琴家指下挥出万壑松涛，而即便假山假水的庭园，只要不蜗居自怜，只要不待人而沽，仍是与自然连接的好落点。至于茶会的举办，除开茶香人情，也在借由茶的口感回到那原产地的自然。然而，在我自己“茶与乐对话”的茶会中，我却总以一杯清泉作尾，毕竟，茶味固香，总还不如那水带来的纯粹与自然。

自然与纯粹，山水中的释然正是如此，玄沙师备在此拈提得好：

问：“学人乍入丛林，乞师指个入路。”

师曰：“还闻偃溪水声否？”

曰：“闻。”

师曰：“是汝入处。”

从这入处，人世、历史、生命、性情，自有不同！

林谷芳

文化评论人，台湾佛光大学艺术研究所所长。
往返于大陆和台湾之间140余次，
被誉为台湾文化界数十年来唯一持守中国牌而不倒之文化标杆。

云豹还在吗？

刘克襄 / 文

我为什么去找云豹？

是不是这样才能感受到自己存在的价值或者说是踏实？

其实，我也还一直在问自己。

或许当我在台湾的原始密林中瞥见云豹，

我才知道答案吧。

——姜博仁，二〇一〇年三月

生命的遭遇有时就是那么离奇，十多年前，我着实未料到，你，一个萍水相逢的少年，后来的际遇竟如此乖舛和轰烈。

如今回想，也或许，在我们第一眼交会时，便可感受到你这辈子的野外探查之路，就命定要有这等的起落。

记得那是二十世纪九十年代的初春，听说金山岬角出现了一只罕见的鹈鹕。获知此一消息，隔天，一大早，我便跷班，搭乘台汽客运，从台北赶赴北海岸。

我的运气不差，从岬角右边的丰渔村拾级而上，在半山坡，随即目睹此一嘴喙如勺子般的大鸟。它跟着一群海鸟，悠然地越过天空。相对于其他海鸟瘦小单薄的体型，它的躯体仿若航空母舰。时隔二十多年，我仍清楚记得当日，那庞大灰白的身影，在众鸟拱护中，缓缓展翼的惊人画面。

我带着愉悦的收获心情，翻过狮头山，下抵另一渔村后，漫无目的走入一处沙岸。这处弦月形的广袤沙岸，到了夏初时，常集聚许多泅泳戏水的游客。但现在还未开放，沙滩渺无人烟。过去我常在此徒步旅行，最爱这等空旷孤独。

邂逅了大鸟，再下抵一绵长的沙滩。那心境仿佛大猫吃完猎物，懒洋洋地躺在熟悉的青绿草原，我心满意足地小憩着。但那天，正当我一人独占着无垠的海滨时，不远的沙滩尽处，竟出现一瘦小的人影，佝偻行来。

我远眺着，很好奇，这时为何有人在海岸出现。等你接近，我们望着彼此的打扮时，不禁莞尔一笑了。

多么相似的行头啊！头戴赏鸟的迷彩帽，胸前挂着望远镜，还背着背包。双方一瞧，不用说什么，彼此都知道，对方是赏鸟人，而且都很痴迷，才会在非假日的早上，跋涉于这一有些闷热的水岸。

只不过，你比我年轻许多，乍看还是一个高中生的模样。我不禁好奇问道："请问你从哪里来？"

"我从新竹搭车来的。"你回答完后，迫不及待地反问我，"请问你有看到鹈鹕吗？"

我愣了一下，看来你也得知了鹈鹕出现的消息，专程前来寻找。我转头，指着狮头山山顶："刚刚翻过那山时，我看到了，跟着一群小海鸟在天空飞行……"

我话还未说完，你兴冲冲地称谢，就快步行去。留我一人，至少有三四秒的时间，继续对着空气说话。

那是我和你的初次相逢。有时人生就这么简单地寒暄而过，一辈子都不会再有交集。但我们之间的缘分，竟是从这一擦肩兴起，莫名地展开。

两三年后，有一回我到清华大学（台湾）讲演，仿佛是保育社团邀请的。记不得讲演的题目了，只知道说完时，有两三名年轻人围拢过来，你也是其中之一。

你们一边围聚讲台，还在热烈地讨论着观雾山区的山椒鱼，谁又找到几只，在哪里还可能找到的。你们会靠拢过来，当然不是为了这种爬虫类。可能是一边跟我探问鸟事，依旧舍不得放弃这个高山议题的讨论吧。

我好奇地问道："原来你也读清华？"

你有点害臊，抓抓头，不好意思地回答：“我读隔壁的学校。”

旁边一位同学插嘴道：“他是资优生吔！”

“交大？”

你点点头。

我继续问：“哪一系？”

“资讯工程。”

“啊，怎么会是这类科系！”我率直地脱口而出，语气有些错愕，又带些遗憾。这样喜爱自然的人，照理应该读生物这类科系啊！

你耸耸肩：“没办法啊！”

好个“没办法！”返家时，在搭乘的客运上，一路不断地思考着，到底这个回答有何意味。是家里的压力，还是客观大环境的影响？假如我的鸟类观察和你一样早于学生时期，又会如何抉择？

又过一阵，我们在一次北方三小岛的赏鸟旅行里，再次邂逅了。在一群青壮年的团员之中，青涩的你尤显特别。不过那回我们没聊什么，往后也无联络。

只是，偶尔我会想起你，每当遇见年轻的赏鸟人、昆虫迷等，便不免好奇你是否继续自然观察？有无特别的体验？有时也夹杂着一点羡慕或臆想，假如自己早一点接触自然，像十九世纪著名的欧美探险家，出发前就广泛涉猎博物学知识，人生会是何等旅程？只是没多久，这些好奇与记忆随着生活的忙碌，也就灰飞烟灭般地飘散了。

十来年后，有天早上，如常翻开报纸。那时，我在一家报社工作。每早照例，从头版浏览，直到最后的生活影剧版。那天，翻到三版的社会新闻时，赫然看到了你的名字。

三版通常都是绑架、抢劫之类的消息，你到底发生了何事，竟出现在三版刊头呢？

急忙细瞧内容。新闻报道提到，一位任教于美国弗吉尼亚理工大学的野生动物学者，在台湾的大武山区进行野外调查时，因为心肌突然梗死，意外地罹难。他是你的指导老师。

原来，研究所毕业后，你便率性地任职野生动物研究助理，经常深入山野进行调查。但这毕竟不是稳定的工作，两年后，你重拾资讯专业。不过，很短暂地，三星期的工作经历足以让你厘清心中的志向。准备一段时日后，你前往美国攻读野生动物系所。或许是资质优异、年轻气盛吧，在友人的鼓舞和怂恿下，你天真而率性地选择一个高难度的题材，研究台湾云豹。

你回来展开野外调查的年代，也有少数几位研究生选择大型哺乳动物，譬如台湾黑熊、台湾水鹿，作为论文题材。他们不畏艰辛，进入偏远深山，长时坚守于森林荒野，仿佛一生都可为这座岛屿付出青春岁月。

但再怎么辛苦，大概也不会有人如此率性，竟以云豹这类缥缈的物种，当作研究题目。毕竟已有数十年，都无它确切的目击证据，更何况，就算寻获一两只，调查内容恐怕也过于单薄，难以通过博士论文的审核标准。

当时关于台湾云豹的线索，学术圈只有几笔调查记录。比如一九八三年，东海大学张万福老师在猎人的陷阱中，曾发现一只云豹幼豹，但不知为何却没有留下影像记录。二十世纪九十年代初，师大生物系吕光洋教授，在玉里野生动物保护区某条干涸的河床上，发现类似大型猫科动物的脚印。另位同系的王颖教授，一九九六年在楠梓仙溪林道，也宣告发现疑似云豹的脚印。在仔细研读这些报告，比对相关资料之后，你的态度其实比较保留。

倒是长久以来，从部落耆老和猎人的口述中，断续传颂着一些云豹的风声。好些高山族猎人都坚信，台湾云豹仍在原始森林里。连我这个外围的登山人，都亲身听到一位老猎人言之凿凿地描绘着："当我和族人经过山径时，只听到一声狂野的叫声。我们从林中探去，只见一只大型像猫的动物，咬着死去的山羌，爬上树干。它似乎刚从树上纵跳下来，成功地捕杀……"但这些消息真实难辨，多数研究者都抱持着怀疑的态度，甚而有些专家论断，台湾山野已无云豹身影。

唯有你，不放弃渺茫的机会，浪漫地检视，决定深入追探。

你选择的研究范围，以大武山区和双鬼湖地区为主。这里是鲁凯族和排湾族的家园，过去也是传闻猎捕台湾云豹次数最多的地方。好些部落的首领和猎人，仍存留有云豹皮。野生动物学者咸信，假如台湾还有云豹存活，最有可能的地点便是这座原始森林。你豪情地打算在将近四个台北市的面积内，进行地毯式的调查。

我翻读过去的研究报告，大抵指出台湾云豹几无天敌，猎物包括了日行性和夜行性的动物。主要猎取对象可能以猕猴和偶蹄类为主，但松鼠、穿山甲、各种老鼠，以及雉科鸟类也会攫捕。

在亚洲其他地区，还有云豹栖息。根据当地高山族的陈述和动物园的圈养观察，它们的行动皆相当隐秘。狩猎的时候，大半采取定点守候。静静地，伏趴在粗大的树枝上，等候猎物从下方小径走过。

我们不免想象，台湾云豹应该也有这等习性。好些动物画家在素描云豹时亦然，最喜欢以它趴在树上等待猎物的行为，作为构图的主要画面。

树上是云豹主要休息与猎食的地方，未吃完的猎物，多半会拖到树上储存起来，慢慢享用。只有很少的时间，才会在地面搜寻。其他云豹如是行径，一般咸信，台湾云豹当不脱这种对待猎物的方式。

你最大的梦想，无疑是期待着，有一天果真在森林里撞见了。十多年后，当我再次遇见你，好奇地探问时，你的眼眸仍闪烁着纯挚的光芒。仍跟最初，我在海边跟你邂逅时那样，充满不懈的追探精神。

只见你兴奋地描述："我梦想着，有一天，在浓郁的森林里，当我走进人迹从未踏进的地方，在茂密的树叶间，一棵樟木的躯干上，横趴着一只云豹，全身暗灰的云状斑，清楚的块状分布，正悠闲地闭目。长尾垂下来，微微地摆荡着……"

然而，你终究没有乐透得主般的机运。回来台湾后，几乎每个月都背负重装，徒步跋涉山区，风餐露宿蹭崄溯溪，辛苦调查了三年多，却始终没发现任何云豹的踪迹。期间远在外国的老师甚至飞来台湾，随你进入大武山区，观察云豹的栖地。没想到，竟发生了这桩不幸的意外。

相信此事对你必有冲击，但你必须压抑悲怆，继续入山，继续未完的志业。

时隔半年，杜鹃台风来袭，我如往常勤按遥控器，关心着风灾讯息，怎知，赫然又见你的消息。

原来，一个星期前你带领一支调查队伍，进入大武山区持续调查云豹。上山前，台风还未形成，连热带低气压都没有。怎奈数日后，从收音机获悉台风即将来袭。身为领队，你考量到调查队伍的安全，当下决定撤退下山。

即将抵达检查哨，台风却已然逼近，太麻里溪水势湍急，渡河不易。若回头，恐怕也找不到安全的避难处，眼前你们只有渡溪这条路可行。唯天不从人愿，当你和一位女队员渡溪时，被汹涌的溪水冲散。你很幸运地挣扎上岸，安全地脱困，但伙伴却不幸遭洪流冲走，迄今仍下落不明。

这件事在当时，对你的野外调查又是一番残酷的打击。一些记者不明事理，针对台风天，仍带领学生在野外调查，颇有微词。有些媒体甚而批评，贸然渡溪的不当。因为意外发生了，面对这些扭曲的批评，你没有驳斥，黯然概括承受一切的责任，并且深深责备自己：

或许树灵不满我在他们身上架自动照相机吧；

或许我打扰了山里高山族祖灵的清静所以要我也不清静；

也可能对我挂着保育研究的旗帜最后研究成果却似乎对高山族与动物没太多帮助而要我多一点点对人的尊重；

应该是山神在生气吧，带走了恩师与阿秀，经常想起他们时都会偷偷掉眼泪，对不起他们，对不起他们的家人与朋友，会宁愿当初没有做这个研究，也不要悲剧发生……

唉，不知为何，跟你只有数面之缘的我，每次念及此段你日后的回忆，我都激动地噙满泪水。其实，从事野外调查，常在山林里跋涉的人皆知，死亡之意外，随时都会发生。最安全的地方，有时反而最常发生意外。我们只能以自己长年的经验，谨慎来去，减少伤害的发生。万一遇到天然不可抗拒的状况，也只能默然承受。

一如军人战死沙场，从事野外调查的人，结束生命的方式是在自然环境，意外地遭逢变故，其生命当可了无遗憾。美国哺乳类学者的乍然病故，调查队友的不幸罹难，或者诸多野外调查者的往生，不论在这个地球的哪一角落，选择哪一种野外探险，我都如此理解着。

再谈你的调查，若说毫无所获，就是失败了，相信这也不是动物学者研究事物的最终想法。至少，你以地毯式的搜索，再度浇熄了大家对台湾可能还有云豹存在的一丝希望，包括也捻灭了自己的期待。

二○○六年，你和一位我的旧识裴家骐，共同具名发表了一篇有史以来最深入翔实的台湾云豹报告。

你们整理了相关文献和访谈，发现绝大多数云豹的残留物，都是太平洋战争前就存在的。还有些毛皮和牙齿，代代相传，甚至都拥有上百年存藏的历史了。至于目击到台湾云豹的记录，多半也是非常早期的记忆了。

其次是野外实际的调查结果。三年多来，从海拔一百多到三千米，超过五百天以上，二百多人次的山野苦行，设置了将近四百个自动照相机调查点，拍下一万三千多张动物的照片。还有，费心设计的二百多个毛发气味站。几乎搜遍了大武山区和双鬼湖区，却一次也没有台湾云豹的任何踪影。

经过种种严谨的分析比较，这篇报告的最后，你们推论：台湾云豹极可能已经灭绝。追寻云豹的不可能任务，终告一段落。台湾云豹虽未寻获，但你在大武山长期观察的事迹，经过口耳相传，早成为年轻一代野外探险的传奇。

但我一直杌陧不安，很好奇你的云豹观察就这么结束了吗？我们有无可能更进一步，在这个台湾最诡谲的野外探查里，找到更大的生活意义？

比如，就让云豹消失也好，或许它的消失无踪，反而是一个更具体存在的方式，让后世人对生态环境更有反省的决心。每只云豹都意味着，其下大片森林区块的完整和成熟。它们的灭绝更让我们惊心，台湾林区的日渐脆弱。

二〇〇二年夏初，我前往鲁凯族旧好茶，遇见小猎人时，特别把你的故事讲给他听。

小猎人早年在都会当工人，后来厌倦都市生活，决心回到部落。但是，回到新好茶后，依旧闷闷不乐。为何呢，原来，心里怀念的还是旧好茶孩提时代长大的家园。傍着大溪旁的新好茶，仿佛汉人平地家园，并无山上的风光。

于是，他再次启程，跟老婆回到山上老家。希望在母亲生孕他的地方，重新以己之力，搭盖一间心目中理想的石板屋。日后在旧好茶安定下来，过自己想要的简单生活。

小猎人听完我叙述你寻找云豹的故事后，默然不语。我试着提出两个问题：

“那位年轻人以自然科学的研究方法，寻找台湾云豹，你以为如何？”

“台湾还有云豹吗？”

小猎人并不吭声，低头想了许久后，用很独特的方式，悠然地回答我：“今天晚上，我去做梦看看，明天再告诉你答案。”

他这么说，我满头雾水。但既然要回答，我也不便再讲什么。

当夜在石板床横躺，我并未安然入眠。半夜醒来两三回，只见月光下，窗口外庞然的大武山巍峨地矗立着。心里还想着，不知小猎人做梦了没？

隔天早上，我去拜会他。他正带领一群南部生态团体的成员，沿着部落的巷道间导览。他看到我了，继续忙着解说。

我也不便发问，只跟在后，默默地聆听他解说部落的种种往事。一路尾随，走到他猎人爸爸居住的石板屋前。鲁凯族有两个父亲。一个是生养他的，一个是教他打猎的。小猎人突然跳上院埕前，猎人爸爸习惯休息的大石头，伸手指向旁边的另一颗，跟每一个人说：“昨天晚上，我的梦里，云豹来到这块石头趴坐。它告诉我，今天将是好天气，可以出去打猎。”

小猎人讲完后，也没看我，继续跟着众人，解说旧好茶的生活趣事。我了然，这段话专门是在说给我听，而且已经间接告诉了我答案。

小猎人说完继续往前，众人继续尾随。只留下我，走上他刚刚站立的石头，望着他手指的大石，再回头望向大武山，突然又想到你。

“我为什么去找云豹？它是一座原始阔叶森林的最上层的掠食者。透过它的存在，我们可了解整个森林的状态。当森林出现了倾斜的状态，它通常会是最早消失的。反之，如果能够确保它们族群的存活，在同一种环境中，其他生物的生存大概也不成问题。”

十多年后，我们再次重逢，你坐在我对面，一个暂时蛰伏的林务研究单位里，如是热切地述说着。稚气的脸庞犹然焕发着对这块山林的炙热关怀。你仍如过去的执着、纯真。

言谈间，有时我还是看到了最后一只云豹，巧然划过你的眼眸间。更仿佛回到了北海岸，继续那一天初见面的场景。

附记：

云豹分布于尼泊尔、不丹、印度北部、孟加拉、中国大陆南部、中国台湾、中南半岛、苏门答腊和婆罗洲，因为过度捕猎和栖地破坏，族群数量不多。过去被认为仅有一种，但晚近的研究发现应分为两种，其下又各分成三个和两个亚种。台湾云豹是所有云豹中最稀有的，已灭绝。

刘克襄

台湾作家、自然观察解说员，从事自然观察、历史旅行与旧路探勘十余年。至今出版诗、散文、长篇小说、绘本和摄影作品二十余部。

七个清晨

叶佳怡 / 文

第一个清晨，我在陌生的房间醒来。

床垫上只铺了薄薄的床单，画着卡通图案的浅蓝色电扇在床尾缓缓转动，发出渐强又渐弱的风声。窗外可以听到鸟鸣，细碎而响亮，我正惊讶着城市竟然可以有这么自然的音响，才想到我已经移居花莲郊区。

我起身坐在床边，打开床边矮柜上的粉红色小灯，前房客留下来的。在我有选择的时候，我从来没有因为任何物品挑过粉红色，不过现在我的三个矮柜是粉红色、小灯是粉红色、脚踏垫是粉红色，连挂钩都是粉红色。

我甚至为了配合这一切买了粉红色的瓷杯与靠枕。

太阳正要探出地平面，所以空气虽然含有夏天的湿气，却还是带着清晨惯有的凉意。我披上一件薄外套，环顾这个房间，基本配备已经足够，但完全没有生活的痕迹。堆叠且尚未整理的纸箱并没有让房间热闹起来，反而更让一切显得空旷。我试着把脚套进新买的拖鞋里，脚趾没有勾好，一只拖鞋就这样落在灰白的塑胶地板上，啪嗒一声，介于清脆与沉闷之间。我又伸长脚试了一次，终于把两只脚掌安稳地放进底部铺有小片竹席的凉爽拖鞋里。

对了，拖鞋也买了粉色系。

我坐着，窗户在我身后，阳光逐渐从窗帘的缝隙透进来，温暖了我的背部。我伸手把小灯按熄，觉得太暗，把小灯按开，又觉得太亮。反复了几次，直到阳光终于倾倒蔓延了整个房间的地板，才下定决心不再按开小灯。

第二个清晨，是断断续续的梦。

惊醒的时候，我已经不会再误以为身在过往的城市，在梦里，这样的误解却是一种选择。我穿梭在每一条既熟悉又遥远的巷弄之间，明知道它们每分每秒都在现实中崩毁，却又执意相信它们在我脑海中的形貌。

梦里总是出现那家饮料店，在一个巷弄的转角，面对一片小公园。它隐身在一大片拥挤的住家之间，一整片规矩的灰色之间，唯一凸显的就是那串用麻绳绑起的光碟片。光碟片的银色在这里是纯粹的颜色，是纯粹的光亮，那光亮和所有原本该与电脑相连的科技都无关，只是阳光折射进我们眼睛的所有瞬间。

饮料店的内部却是苍白又空旷，随着我一次次堕回梦境，那苍白竟然更甚于我以往的记忆。里面只有一个冰柜、一个工作台、一台封口机和两张一笔一画用签字笔写出来的亮黄色海报。

海报的每排字都有点往下斜，直到那倾斜成为无法避免。

有些片段的梦里我走路经过，有些梦里我则辛苦地骑脚踏车，身上冒着热气与微微的汗。更多时候我坐在J的机车后座，问他要不要去买一杯饮料试试，他却从来没有回答。

在最后一次惊醒之前，我独自走进饮料店，紧张如同幼年第一次捏着零钱去便利店买母亲交代的鸡蛋。饮料很甜，太甜了，老板问我是不是一个人，我点点头。

惊醒之后，我把积欠了一个礼拜的衣服拿到阳台去洗，然后决定等太阳升得够高，就要独自骑着机车经过那苍白无人的宽大省道，去那家现在完全属于我的饮料店。

我一个人。

第三个清晨，我在海上。

花莲的道路我逐渐熟悉了，骑着摩托车可以到达的地方于是越来越多。然而方向感不好的结果，就是非得把地图死记起来，而且一旦转错一个弯，就只能想办法绕回当初犯错的路口，重新选择一次。

S和D是来自丹麦的情侣，两人都有一头浅金色的漂亮头发。为了招待他们，我第一次如此积极地搜集旅游讯息，原本终于功成身退的地图集也因此翻看了无数次，就希望之于花莲，我可以比他们更不像个陌生的过客。

为了让他们在最适当的时间去赏鲸，我计划某日天未亮就得起床，一起骑车到港口边集合准备出发。那是一条我和朋友们一起走过的路，我原本对于独自带路极有信心，然而到了出发前晚，夜幕深深将我包裹，我却害怕了起来。

安静的房内，每个声响都让我惊惧：风穿过天花板、水龙头滴下几滴细小的水珠、没挂好的衣服落到桌上、走廊上房东养的大狗翻了个身。

如果走错了，就走到对为止，不过就是这么简单，不是吗？

我还是失眠了整晚，最后全身紧绷地一次就带着他们骑到了目的地，沿途紧紧盯着我从未看过的花莲深夜，以及在深夜孤独亮着的成排路灯。终于，我们在预定的清冷时分上了船，在海面看到太阳慢慢升起，以及那橘色的光细软如蛇爬上海的每一道波纹。S和D在一旁却说好快呀，how fast，他们说，在丹麦，太阳要不是久久不愿升起，就是久久不愿落下。

于是我开始试着相信，世界如此辽阔，尽管我们耽溺坚实的陆地，海却愿意牵连一切。

第四个清晨，我喝醉。

喝醉是一种奇异的状态，介于乐观与悲观之间。在极冷的冬夜，因为一点其实不算毁灭性的挫折，我把冰箱里剩下的一点甜酒倒进杯子，加了许多牛奶，便身子发热地轻轻迷醉起来。

那是一年的最后一天，许多年轻人跑去热闹的场地，唱歌、尖叫、彼此拥抱或者亲吻，那些场地通常最后都有烟火，一道道火光在黑暗中疯狂地炸开，然后就是剩下的烟，迷迷蒙蒙盖住附近的群众，几个婴儿通常会在这个时候因为惊吓大哭起来，没有人听到父母的声音，但大家都知道他们正一边兴奋着新年的来临，一边对孩子轻声细语，试图安抚。

都是一样的，都是介于乐观与悲观之间。如果深信这一年来无所后悔，也不需要年末这如同抛弃过去以重新开始的仪式，如果真的对未来无所期待，这样的仪式同样没有必要存在。都是一样的，需要一点点醉，不至于死，就仿佛在清醒之后获得另一个开始的可能。

在新的一年的第一个日出之前，我和K到便利商店继续喝酒。在甜酒之后，呛辣的威士忌显得更有活力。我们说了许多话，大部分都是说了就可以立刻忘记的小事，但就在这样的语言丢掷之间我们欣喜于时间的逝去。我们或许都害怕这样一个过度被仪式化的夜晚，因为我们明白，最大的困难是生活，然而最好的治疗也仍然是生活。

于是等天空终于淡淡亮了起来，我们便歪倒地坐在便利商店之前，面向那刚刚升起且充满象征意涵的太阳，一边想着各个遥远的地方：有人参加升旗典礼、有人刚从KTV离开、有人小声告诉自己，这又是新的一年。

然后我和K各自回家，各自睡去，期待下一次清醒，就回到我们也许无力但亲爱的生活。

第五个清晨，我跟猫闹别扭。

猫是L托我照顾的，L因为工作一出去就是半年，为了让猫能给信任的熟人照顾，这个小家伙只好和我一样翻山越岭来到花莲。

这猫还是个爱玩的女孩，从小也被L宠得黏人。她始终认为自己是人，对于其他的猫总是视若无睹。她对陌生人的直觉极其敏锐，知道谁会对她好，谁只会把她当成玩具。而我，对她来说则是一个天生的奴隶。

只要不睡觉，她就一定在房内奔跑，沿途把各种堆在房内的零碎小东西扫到地上，比起整理的麻烦，那兴奋娇嗔的青春气息更能将我惹恼。明知她是一只猫，每当她可以毫无顾忌地玩闹，或是不顾我的疲累同我碎碎话语之时，我还是每次气她不体贴，然后气自己总是原谅，总是一再忍耐。

那天清晨她不知道又打翻了什么，我微微醒来，没有睁开眼睛。半梦半醒间我感觉露在棉被外的手臂有点凉，但那是暑热尚未完全来袭前的委婉冰凉。她似乎又翻倒了一些东西，发出塑料制品散落一地的声响。我几乎完全醒了，却又不愿睁开眼睛，只用整个身体与透过眼皮的微光判断这是清晨，我应该要好好休息的清晨。然而她不放过我，似乎又跳到那堆翻倒的东西上，发出一地骄傲的碎裂声。我生起气来，猛然起身，抓起换了厚织外罩的靠枕向她扔去。

没有命中，我一边恼怒一边松了口气。

她躲在远远的角落，眼睛亮晶晶地瞅着我。我狠狠瞪她一眼，她舔舔自己的前脚。我在心里跟她说我们走着瞧，她边舔边斜着眼对我说，是吗。

然后我躲回棉被，听到她因为铃铛似的鸟声，窸窸窣窣钻到被阳光染得一片亮黄的窗帘之后。

第六个清晨，痛。

来花莲几年之后，大概是因为不太会照顾自己，也因为年纪已经不再允许自己挥霍青春，身体开始变得虚弱易病。

尤其下腹部常常毫无缘由地痛起来，像是里面养了一个小鬼，随他心情，一旦兴起就开始用他尖尖的爪子抓拧我的脏器。那令人心慌的痛楚没有固定的位置或形状，一旦蔓延开来每每让我不由得心生恐惧。有时候一痛是三天，运气好时则只有一日。然而在各种大小检查都无法确定原因之后，我决定跟这个小鬼好好相处。

那夜我在黑暗中痛醒，过程非常细微且令人迷惑。一开始，我以为我做了一个梦，里面有一个孩子似的生物把我的腹部像弹簧床一般疯狂跳着，然后我开始察觉那不是梦，那似乎是一个对现状的比喻，由我松软但确实存在的意识运作。接着我对这个意识感到困惑，张开眼睛，看到一片黑暗。我等着，终于知觉一点一滴回到我真实存在的身体，才让我在我脑海中拣选出了那个正确的字，痛。

我从床上爬起来，弯着身体坐到我平日赖以维生的电脑前。我告诉自己，这没什么，不过就是痛，再痛都是我的身体。我拿出电热毯，轻轻覆盖住下腹的小鬼，泡了一杯温暖的黑糖稳定我的身体与神经，然后播放起网络上的综艺节目，告诉自己，笑，和小鬼一起笑吧，小鬼是你的一部分，接受他。

不知不觉房内已经是温暖的米色，因为云多，这天感受不到清晨阳光直接的炽热，小鬼也似乎在这一片静谧中悄悄睡着了。我几乎可以感受到他在我的腹部蜷缩着，头上两支小小的角只轻轻顶着我的子宫，几乎像是一个纯洁的婴孩。

于是我接受他，如同接受生命中其他许多邪恶的温柔。

第七个清晨，是反复的道别。

有些周末M来花莲找我，直到周一的一大早才搭火车离开。那班火车是六点十五分发车，如果是冬季，那个时刻的天光将明未明，我总是送他离开后独自去速食店吃一份简便的早餐，等着整片落地窗外的街景完全明亮起来，再迎着朝阳与带着雾气的寒风独自骑车回家。而在季节逐渐推移的此时，天开始亮得早了，有时明明还在去火车站的路上，我们就一起看到了日出，仿佛之前在寒夜里瑟缩前行的两人不过是误闯了一场暧昧不明的梦境。

一开始的道别总是艰难的，如同我道别城市来到花莲，但久了之后，每一次移动只是重新标记了起点与终点，如同我即将离开花莲，但也同时要回到城市，没有哪一边真正令人伤感或欢欣，因为它们一样重要。

因为一样重要，每次目送M的离开也不再沉重，而平日少见的清晨反而在这种情怀中更令人感到亲密。我开始注意路灯在微光中一同熄灭的时刻，刚熄灭的灯因为在我眼中留下残影，所以一开始显得异常阴暗，之后才慢慢回复灯罩原本应有的塑胶白。六点十五分的花莲车站其实比想象中热闹，因为刚好是上班前最后且最快的车班，所以众多提着公事包或拉着出差旅行箱的人们此时一齐涌入车站，然而这也是一种异常安静的热闹，混杂着一点睡眼惺忪或者周一的忧郁，无论季节，都让他们在这样的清晨拉紧外套或竖起领子，如一条条清浅的支流汇入所有相似的人群中。

然后我也轻巧地转身，骑车回到我郊区的住处，一次次跨越那条必须花五分钟才能通过的河谷大桥。河谷是宽阔的，暗示了海，天空在此处也宽广得令人偶尔迷惑。然而只要是清晨，这里很难不令人屏息，即使是阴郁的天气，当阳光从厚厚的云层后透出，无意地以山为背景，在灰白细密的河床上落下几道散乱的笔触，我总是无法克制地转头望去，然后偶然发现另外一位机车骑士，同样在这么一个清晨，和我孤独地在桥上，望着同一个方向。

叶佳怡

毕业于台湾东华大学创作与英语文学研究所，
曾获“林荣三文学奖”及“联合文学小说新人奖”。

2 愿成长不哀伤

第二章

我不相信我们的努力毫无意义。我不相信，最好的时光，只能存在于过去和回忆中。每一个回忆，都在成长的路上熠熠发光，每一次成长也都在铸造更美的将来。

我的街猫朋友——最好的时光

朱天心 / 文

那时代，大部分人们还在汲汲忙碌于衣食饱暖的低限生活，怎的就比较了解其他生灵的也挣扎于生存线的苦处，遂大方慷慨地留一口饭、留一条路给它们，于是乎，家家无论住哪样的房（当然大都是平房），都有生灵来去。

那时候，土地尚未被当商品炒作，有大量的闲置空间，荒草地、空屋废墟、郊区的更就是村旁一座有零星坟墓和菜地的无名丘陵……对小孩来说，够了，太够了，因为那时没太多电视可看，电视台像很多餐馆一样要午休的，直至六点才又营业，并考虑在小孩等饭吃时播半小时的卡通，于是小孩大部分课余时间都游荡在外，戏耍、合作、竞争、战斗……习得与各种人族相处的技能，他们又且没有任何百科全书植物图鉴可查看，但总也就认得了几种切身的植物，能吃、不可吃、什么季节可摘花采种偷果、不开花的野草却更值采撷，因它那辛烈鲜香如此独一无二，终至人生临终的最后那一刻才最迟离开脑皮层。

是故他在树上或草里发现或抓来的一枚虫，可把它看得透透记得牢牢，以便日后终有机会知道它是啥。

那时候也鲜有毛绒玩具，于是便对母亲买来养大要下蛋的小绒鸡生出深深的情感，自己担起母亲的责任日夜守护，唯恐无血无泪并老说话不算数的大人会翻脸在你上学期间宰杀了它们。

那时离渔猎时代似乎较近，钓鱼捕鸟是极平常的事，你们以简陋的工具当作万物中你们独缺的爪翼，与你们欲狩猎的对象平等竞逐，往往物伤己也伤，你眼睁睁见生灵的搏命挣扎，并清楚知道那生命那一口气离开的意思，是故轻易就远离血腥，终身不在其中得到乐趣。

因此你们都不虐待恶戏那流浪至村口的小黑狗，你们为它偷偷搭盖小窝，那蓝图是不久前圣诞卡上常出现耶稣降生的马槽。焉知小黑狗不安分待窝里，总这里那里跟脚，跟你上学，跟你去同学家做功课，最终跟你回家，成了你家第三或第四只狗。

那时奇怪并没有流浪动物的名称或概念，是故没有必须处理的问题。每一个村口或巷弄口总有那么一只徘徊不去的狗儿，就有人家把吃剩的饭菜拌拌叫小孩拿出去喂它，小孩看着路灯下那狗大口吃着，便日渐有一种自己于其他族类生灵是有责任有成就之慨。

那时候，谁家老屋顶发现一窝断奶独立但仍四下出来哭啼啼寻母的小仔猫，便同伴好友一家分一只去，大人通常忙于生计冷眼看着不怎么帮忙，奇怪小猫也都轻易养得活，猫兄妹的主人因此也结成人兄妹，常你家我家互相探望猫儿，终至一天决定仿效那电视剧里的情节促成它们兄弟姐妹大团圆地把大猫们皆带去某家，那曾共咂一奶的猫咪们互相并不相认的冷淡好叫你们失望哪，但你们也因此隐隐习得不以人一厢情愿的情感模式去理解其他生灵。

那时候，人族还不思为猫们绝育，于是春天时，便听那猫们在屋顶月下大唱情歌或情敌斗殴，人们总习以为常翻身继续睡，因为墙薄，不也常听到隔邻人族做同样的事发同样的声响或婴儿夜啼这些个生生不息之事吗？

那时候，友伴动物的存在尚未有商业游戏的介入，人们不识品种，混种，就如同身边万物万事，是最自然的存在，你喜欢同伴家中的一只猫，便追本溯源寻觅到它妈妈人家，便讨好那家的大人或小孩，必要他们答应你在下一次的生养时留一只仔仔给你。你等待着，几个月，大半年，乃至猫妈妈大肚子时，你日日探望……这样等待一个生命降临的经验，只有你盛年以后等待你儿你女的出生有过，所以怎会不善待它呢？

因此那时候最幸福的事是，家中的那只女孩儿猫怎么就大着肚子回来了，因为屋内屋外猫口不多，你们丝毫不须忧虑生养众多的问题，你们像办一桩家庭成员的喜事一样期待着，每日目睹它身形变化，见它懒洋洋墙头晒太阳，它有点不幼稚了，眯觑眼不回应你与它过往的戏耍小把戏，它腹中藏着小猫和秘密都不告诉你，那是你唯一有怅惘之感的时候。终至它肚子真是不得了的大的那一天，爸爸妈妈为它布置了铺满旧衣服的纸箱在你床底，你守岁似的流连不睡，倒悬着头不愿错过床下的任何动静。

然后，永远让你感到神奇的事发生了。

那猫妈妈收起这一向的懒散，片刻不停地收拾照护一只只未开眼圆头圆耳的小家伙，妈妈（你的）为它加菜进补得奶帮子果实一样，小猫们两爪边吮边推挤着温暖丰硕的胸怀，是至今你觉得人间至福的画面，你由衷夸奖它：“哇，真是个好棒的妈妈！”

然后是小猫们开眼、耳朵见风变尖了，它们通常四只，花色、个性打娘胎就不同，你们以此慎重为它们命名，那名字所代表的一个个生命故事也都自然地镌刻进家族记忆中，好比要回忆小舅舅到底是哪一年去英国念书的，唔，就乐乐生的那年夏天啦！生命长河中于是都有了航标。

因此，你们可以完整目睹并参与一只只猫科幼兽的成长，例如它们终日不歇地以戏耍锻炼狩猎技艺，那认真的气概真叫你惊服。与后半生捡拾的孤儿猫不同，你日日看着猫妈妈聪明冷静尽职地把整个祖祖辈辈赖以生存的技能一丝不打折地传授给仔猫们，乃至你们偶尔地求情通融（好比它将仔猫们都叼上树丫或墙头要它们练习下地，有那最胆小瘦弱你们最心疼的那只独在原处瞄哭不敢下来，你们自惭妇人之仁地搬了椅子解救它下来）完全无效，那妈妈，以豹子的眼睛看你一眼，返身走人。

那时候，人们以为家中有猫狗成员是再自然不过的，就如同地球上有其他的生灵成员的理所当然，因此人族常有机会与猫族狗族平行，或互为好友地共处一时空，目睹比自己生命短暂的族裔出生、成长、兴盛、衰颓、消逝……提前经历一场微型的生命历程。（那时，天宽、地阔，你们总找得到地方为一只狗狗、猫咪当安歇之处，你们以野花为棺、树枝为碑，几场大雨后，不复辨识，它们既化作尘土，也埋于你记忆的深处，你比谁都早地爱那深深埋藏你宝贝记忆的土地。）

种种，奇怪那时候猫儿狗儿们也没因此数量暴增，是营养没好到让它们可以一年两甚至三胎吗？又或它们在各自的生存角落经历着它们的艰险就如同它们历代的祖先们？它们默默地度不过天灾（寒流、台风）、度不过天敌（狗、鹰鹫、蛇）、度不过大自然妈妈、唯独没有（此中我唯一也最在意的）人的横生险阻、人的不许它们生存甚至仅仅出现在眼角。

我要说的是，为什么在一个相对贫穷困乏的时代，我们比较能与无主的友伴动物共存，反倒富裕了，或自以为“文明”“进步”了，大多数人反倒丧失耐心和宽容，觉得必须以祛除祸害脏乱的赶尽杀绝？这种“富裕”“进步”有什么意思呢？我们不仅未能从中得到任何解放、让我们自信慷慨，慷慨对他人、慷慨对其他生灵，反而疑神疑鬼对非我族类更悭吝、更凶恶，成了所有生灵的最大天敌而洋洋不自觉。

曾经，我目睹过人的不因物质匮乏而主客悠游自在自得不计较不小器，我不愿相信这与富裕是不相容的。眼下我能想到的具体例子是京都哲学之道的猫聚落（尤以近“若王子寺”处），那些猫咪多年来如约不超过十只，是有爱动物的居民持续照护的街猫而非偶出来游荡的家猫（观察它们与行人的互动和警觉度可知），它们也观察着过往行人，不随意亲近也不惊恐，周围环境的气氛是友善的，没有樱花可赏的其他季节，哲学之道也没冷清过，整条一公里多的临人工水圳的散步道，愈开愈多以猫为主题的手工艺品小物店和咖啡馆，显然居民们不仅未把这些街猫视作待清除的垃圾，反而看作观光资源和社区的共同资产。

这其实是台湾目前某些动保团体如“台湾认养地图”在努力的方向，走过默默辛苦重任独挑的猫中途、TNR之后（或该说之外，因这些工作难有完全止歇的一天），欲以影像、文字（如今年内我、朱天文、LFAF、骆以军的系列猫书）、草根的社区沟通（如其实我一直很害怕的村民大会）……营造的猫文化，让喜欢和不喜欢的人都能习惯那出现在你生活眼角的街猫、就与每天所见的太阳、所见四时的花、所见的季节的鸟一般寻常，或都是大自然最令人心动爱悦或最理所当然的构成。

（早于一九八七年，欧洲议会已通过法案，“人有尊重一切生灵之义务”现为欧盟一二五号条约。）

我不相信我们的努力毫无意义。

我不相信，最好的时光，只能存在于过去和回忆中。

朱天心

著名作家，多次荣获时报文学奖及联合报小说奖，现专事写作。著有《方舟上的日子》《击壤歌》《昨日当我年轻时》《二十二岁之前》等。

晒年糕

欧银钏 / 文

“屋顶上晒着吉祥好话，上去翻翻看。”

一直记得外公说的这句话。

童年时，我住在澎湖三合院古厝里。年节里没吃完的年糕切成一块块的，像小孩子的手掌般大小，放在古厝的屋顶上晒太阳，要晒成年糕干。

我和外公爬上屋顶，把年糕一块块排好，让每一块都晒到太阳。

每当晒了一阵子，外公就喊我一起上屋顶去，把年糕翻面。

“你看，这块是万事如意，那块是平平安安……”外公说，这些年糕充满了祝福，所有的吉祥话都在这里了。

明明只是一块年糕，可是外公看到里面有着祝福话语，我却看不到。

“没有吉祥话啊？”我翻着年糕仔细地瞧着。

“再看看。拿起来对着阳光看，你会看到的。”外公说。

“啊！岁岁平安。”我看着那米色的年糕，想到我在年节期间不小心摔坏了一个碗，大人没有骂我，赶紧说“岁岁平安”。一时之间，好像这句话就在年糕上浮起来了。

那时也不知道这四个字是什么意思，只知道是好话。后来，外公才告诉我，那是“碎碎平安”的谐音。转个弯，说好话，过年时不骂小孩，不吵闹，祈求吉祥如意。

那些年，我和外公在屋顶晒年糕的记忆，深印心底。

远远的，好像还闻到浓浓的香蕉油味。那是过年时炊粿才有的味道。远远的，好像还见着外公身手利落，翻身上屋顶晒年糕的模样。

冬日时分，风剪着银合欢。冷冬里，远远的，见着家里灶房里冒出来的炊烟，心就暖了起来。

“无日无风”，东北季风来了之后就是这个景象。没有一天没有风。外公说，澎湖人天生就是与风一起生活。

整个冬天吹着冷风。萧瑟中，年节的味道带来无限的暖意。

从冬至开始，家里的“石磨”就忙了起来。家人忙着磨米成浆，再用石块压出水，将米团搓成汤圆。之后，春节的大事就是炊粿、蒸发粿。祥和才能迎来好运，长辈早早叮咛，不能说不吉利的话，不能吵闹、打架。

要炊年糕啰！

我从除夕开始就想着吃年糕，但要到初二之后才能尝到。有时就这么切了一块尝尝，有时候母亲会在年糕外头裹一层面糊，起油锅，炸成金黄色。外酥内软的甜年糕，趁热吃，美味无比。连屋外的东北季风似乎都闻香而至。

吃年糕的时候，母亲都爱随口念一句“吃年糕，长得高”。有一次到邻居家里拜年，听见大人对我说，“食甜甜，乎你快大汉”，我依着家人教我的，回应了吉祥话。

诚心诚意的吉祥话似乎特别灵验。每一年，我都长高一些。

年糕晒得干干的。晒好的年糕，好像足够吃整个春天。我们到田里或到海里工作，总是一路嚼着年糕干。

“嚼到哪一句了？”外公神秘地问我。

“快快乐乐。”

“哈哈，那是我送给你的吉祥话……”他高兴地笑起来。

每翻动一块年糕，仿佛见着一句吉祥好话，“平平安安”“吉祥如意”……那是外公在古厝屋顶上告诉我的秘语，只有我和天空听见了。

欧银钏

台湾作家，澎湖人，台湾东海大学中文系毕业。
著有《玫瑰花橡皮擦》《野狼情人》《思春的面包》等。

咖啡店 再相见

陈宁 / 文

分手的时候，在茶餐厅。我们对望着，喝完了奶茶，当是道别。后来我每次走过那家茶餐厅，总看看窗边那个卡座，坐的是什么人。后来，茶餐厅结业了，换上一家连锁化妆店，午膳时间挤满购买廉价唇彩的办公室女子。黑短裙白衬衣，手里拿着小布袋。而我还住在那条街上，开始忘记了那家餐厅，还有你的样子。

再碰上的时候，在咖啡店。那是一个昏暗的冬日下午，一家普通不过的商场咖啡店，卖有机食物，手制的面包摆放在门外的铁架上，排列整齐。旁边也有一些自家制的果酱、有机白酒，都能引起人们的购物意欲。我在门边的桌子旁，等待一个在附近上班的友人。天气很冷，围了颈巾还是直打哆嗦。我点了一杯热的卡布奇诺，再加一个杏仁牛角包。下午茶时光，店里人不多，邻桌看来像一对退休老夫妇，丈夫喝的是热茶，英式雕花蓝杯，妻子喝咖啡，短小的白瓷杯，两人分食一块蓝莓蛋糕。空出来的椅子上放了一个大购物袋，大概是减价的精品。夫妻不多话，妻子头发染暗红色，耳戴珍珠耳环，脸圆，化了淡妆，嘴唇是暗红，显得素净而雍容。丈夫也没秃顶，齐整地拨向额侧，穿典型的有领马球衣，戴着一枚不错的腕表，气质儒雅。可想而知，我在等人时多么百无聊赖，把别人都看得仔细。心里想着，或许有一天，我和恋人在年老的时候，也有这样的闲情，共聚一顿下午茶。

然后你从我身边走过。尽管有八年没见，单凭背影我仍然一眼看出是你，我拉拉你的手臂，唤你的名。你回过头来，也一眼认出我，眼神里既是惊喜又是微微慌张却转瞬即逝，你二话不说拉出椅子坐到我身旁，这爽快叫我觉得可亲。“你还好吗？”你轻声问。你没有唤我的名。（我不知你会如何唤我。）我回说，还好还好，声音却有点哽咽，是什么卡在喉咙里。也许是这些兜兜转转的年月。我们快速地交换了近况，家中各人的健康、工作、情感事项，无一遗漏。我确定你妹妹健康无恙，感到安心。你也确知我在离开你之后，做了你想我做的所有事，你也深感欣慰。

为了令气氛更轻快一点，我开始向你炫耀古董腕表的知识，都是你当初教会我的。也跟你述说，现在的一些收藏。你果然雀跃起来，如果是往时，或许会拍拍我的头以示赞许。关于音乐，我说我没有再吹长笛了，只是打算去学钢琴。你从前的乐队已经解散了，只偶尔聚在一起弹点吉他。我们又说到共同的朋友，共同的音乐品味。我觉得和你分别之后，我和你的世界更近也更远。

你一点也没有改变，发型、衣着风格，一身的蓝，甚至笑起来眼角的细纹也是如昔。过后你说，我的电话电邮都还是那个。我的电话号码却已改了，你仔细输入，过后给我发了一条长长的短信，字字句句温暖而贴心。

我从来没有幻想过，重遇是这样短促而随意。近似是随机。我甚至没有幻想过重遇，更莫说预早编写台词。可是那一天，我们没有约好的短聚，竟也有足够长的时间，足够我们去重新确知彼此无恙。约好了的朋友迟到，你陪我等着，直至我的咖啡来了，直至我的朋友来了，你才离席走远。我看着你的蓝色背影，眼眶湿润起来。

忘记了跟你说，那个冬日的早上，其实狼狈而沮丧。在医务所发呆半晌，在电车上找不着零钱，匆匆出的门，袜子的颜色不对，衣服穿不够，忘了带给朋友的小礼物，不知为什么的心神不定，行色仓促，原来不久之后是要重遇你。却忘了跟你说这些，别过你之后，重遇你之前，中间的一大段日子，同城的日子，异乡的日子，快乐的日子，失意的日子。八年，不够长，也不够短，从茶餐厅到咖啡店，从奶茶到卡布奇诺。城市改变了，我们走过的路，已经模糊。但我们健在如昔，“无穿无烂”，你的短信说。无穿无烂，没破没洞。

有一年在英国海边小镇，初夏却像初冬般萧条。老人度假的旧式小镇，曾经有过黄金岁月的小镇。我们在海边散步，寒风吹散我其时的长发。那海与天的灰，有一种冷冷的镇定，像是旧式明信片里的风景。我们走进一家咖啡店，点了下午茶，红茶，配松饼，听说是镇上最好的松饼。因为实在饿，所以记得那味道确是好，尤其足够温热。你笑我遇到好吃的都等不得，总要吃最热腾腾的，也不怕烫着舌头。

大概因为你的好厨艺，原来我记起的也不过是一些吃食的场面。在那些厨房里，你洗洗切切，开火下油，胸有成竹。在外吃食，你却不挑剔，也体谅别人的辛劳。

那天别后，我心神恍惚，坐电车回家时，选错了方向，过了几个站才发现，急急下车跑到对面的站台。天色昏暗，街上行人喧嚷，我忽然觉得日子轻盈，原来也不过如此。然而我心里的感激，无从向你细说。你的美好，让我也看见我自己的美好。唯有如此，才能遇见这么好的你。

事情似乎早已给安排妥当。在茶餐厅分手，在咖啡店重遇。咖啡店秩序井然，不喧闹，有一定的隐私，时间慢慢流过。茶餐厅嘈吵，食物不精致，陌生人同坐一桌，时间太快。

我们并肩走过的城市，不算多，可都是你喜欢的。附近必有流水，如你遥远的家乡。或许可以在海边开一家小店，无所事事却又滋味无穷。日子如浪花，翻到半空高，复又退下，渐渐消散在海风里。

陈宁

香港中文大学新闻与传播学系毕业，英国埃塞克斯大学社会学硕士。曾任记者、编辑，著有《六月下雨七月炎热》《八月宁静》《风格练习》等。

黎明，才正要降临

罗珊珊 / 文

就在父亲走之前一个多月吧，某个一如往常回去看望他的周末，因为寻找工作上要用到的参考书，进入我的旧房间胡乱翻着，书架上仍堆满了我带不走的书，然后就在一本不相干的书中，掉出一张多年前父亲留给我的纸条，上面的内容是：

珊儿：

　　你好像把自己的生日忘了。昨天大家要和你干杯都没机会，今天又早睡，半夜张××打电话来给你祝生日快乐，我没叫你。希望你明天记得和我去买脚踏车。

　　祝　生日快乐！

爸爸留

我对这张纸片毫无印象，当下颇为震动。其中提到那个张

× ×是我高中到大学时代的死党，所以估计这张用天蓝色的签字笔写的纸条应该是留给当时还是高中生的我，但仔细回想，高中时我们的父女关系其实有点糟，他认为我有点学坏了，而我总觉得他根本就不懂我或我的朋友。但他仍用这样平和近乎疼爱的语气留言给我，想来就跟那刻意工整怕我看不懂的字迹一般，费了心。

我默默把这张纸条夹进我要带走的书里，没有跟旁边任何人提及，仿佛那是一项天机，说出来就破功了。当然也不可能跟父亲说，毕竟这一年来，他已经是听到大部分的事情都没有什么反应——我总是分不清他究竟是一切都淡然了，还是根本没听进去或没听懂。回去后我也没有把这张纸条放进抽屉收藏好，而是继续任它夹在那阵子或不时翻看的那本旧书中，这样反而时不时会不经意地瞥见它，但每每不敢细看，好像知道还未到谜底揭晓的时候。现在，谜底揭晓了，难道是父亲在他走之前要提醒我，我们的的确确曾拥有那些敞亮的幸福时光；又或者，根本没有什么谜底，那不过是时光与物质的把戏，未被损毁的物质只要仍然不灭，就永远提醒着一去不复返的时光。

父亲走前两年，为了拿取书架顶上他那台许久未用的Nikon FM2单反相机而失足跌了一大跤，已近八十岁的高龄做了在脊椎置入钢架的大手术，加上罹病十多年的帕金森病已进入后期，术后别谈复健，身体更是开始急速衰败。行动的严重僵直让他容易再度摔跤，吞咽的异常困难让他吃一顿饭仿佛打仗一样却又吞不下多少，结果竟是越来越瘦，最后竟不成人形；神经网络系统的失调，让父亲连简单的口语表达都十分辛苦。虽然幸好帕金森病不是痴呆症，因此父亲都还认得我们，只是越来越严重的忧郁、幻觉、妄想，加上难以辨识的语音，他好像已经走入我们无从辨识的私人梦境——而且绝对是一场噩梦，那似乎已经不是我认识的亲爱的父亲，而我要如何将他从噩梦中拉回来呢？完全使不上力的感觉，让我每次回家探望完他之后都要沮丧很久。

印象中，比起来我总是跟妈妈比跟爸爸亲近些——在我少女时，妈妈可以一起逛街，一起聊村上春树、夏宇，或者去挪威森林喝一杯咖啡，甚至抽一根烟；爸爸的角色虽不算严厉，但总严肃得多——他基本上不跟我讨论诗或文学，但会斥责当时想攻读电影的我说学电影应该要去欧洲而不是美国，但又在我提出想改读戏剧时搬出一沓他也曾经参与的泛黄《剧场》杂志告诉我非看不可（多年后才知道这些东西多么珍贵）。然而潜心悖反的我，虽未当面顶撞，却很少听进心里。直到后来这几年，才不及追悔地发现，要好好听懂父亲说的话，已真正变成艰难的任务了。

父亲走后这几周，我开始整理他的遗物。许多照片和手稿、书信以我无法想象的数量冒出来，这件浩大工程渐渐演变成一项救赎，我宽心地发现，竟然清晰记起了成长时期仍英姿勃发或者慈祥微笑的父亲，强大到几乎替代了他后来被病魔折磨摧销的衰残形象。甚至，许多过去我所不清楚的面向也一一现身，近四十岁才生下我，父亲的前半辈人生是我无从参与跟了解的。他的老乡同袍们替我们补遗了这段记忆，不但各自写了几篇令人惊艳的悼文，并且找我一同聚会，其中一位三岁就跟他一起念私塾的同乡杨德昌伯伯说："他那双平板脚，从小下课回家就一路摔跤。后来到了十几岁一起夜半逃兵，恰好走一条石板路，他也是一路摔一路哭，我就一直回头扶他继续上路。"杨伯伯认真地拿出事先准备好的录音机，连同挥毫写了书法长卷的徐术修伯伯、热心召集让老友不断了联络的胡志坚叔叔，以及当年以少校身份签名作保才让父亲能未退伍即离岛去到美国爱荷华参加作家工作坊的宋维政叔叔，四老轮流讲述之前作家小传里不会有的、关于商禽（他们喊罗燕）的年少往事。

这般急速地回溯着不属于我的人生来时风景，也像是一趟有些奇险的奥德赛之旅，哪里会出现食莲人之岛、多头海怪或丑恶女妖……完全无法预测。我开始在意起父亲生前的写作年表，试图找出每一首标有发表年份的诗作，和当时的我或家庭生活有些什么关联，但自称是"超级现实"的超现实诗人，却将所有深深启发他的现实，以奇崛或冷峻的文学手法，在诗句里埋藏得很深，我找得出的轨迹，少得可怜。他写《长颈鹿》的时候我还远未出生，他写我很喜欢的《电锁》时我才要准备上大学，但当时的我可还不懂得欣赏他的诗，真是要命。

我以为自己在进行的这趟奥德赛之旅其实是属于父亲的，如他所说一生总尽最大努力“逃亡”，却始终感到无法逃脱的悲哀。且如评论家所言，他在诗中“经常虚拟奇幻变形的意象、模拟精神错乱病态，创造出荒诞情境，遂行逃亡之企图”。而令我们子女所不忍的是，晚年由于脑部疾病的侵蚀，竟让他的诗与现实人生，真正地复制重叠了。爸爸从什么时候开始，已经如被无情流沙攫住一般，日益深陷在他的黑暗世界中，把我们，远远地抛在外面。

好在，父亲的噩梦即将结束。如果梦的全视境已经进入全然的黑暗，那还不如，等待黎明。我笑着告诉自己，那个属于爸爸的美好黎明，如今已然真正地降临。

罗珊珊

台湾作家。

在龙眼树上哭泣的小孩

黄春明 / 文

过去四季的各类蔬果，以及海产的鱼虾贝类，分别在菜市场出现的时候，人们就知道当下的季节和月份。比如说，当人们看到凤梨和龙眼的盛产时，他们都知道，时值农历的七月鬼节。七月普度的供桌上，除了三牲酒礼，还有糕饼鲜花青果：其中一定有凤梨（旺莱）和龙眼，并且数量很多，因为供品里面凤梨和龙眼算是最便宜的了。在闽南的谚语里面，有这样的一句："旺莱龙眼，排排一桌顶。"将凤梨和龙眼堆排在桌上，那一定是在拜七月好兄弟才如此，平时不可能买很多水果摆放在桌上。

我们的记忆，都寄放在许多的人、事、物上，并且每个人寄放记忆的人、事、物，各自不同。我个人对龙眼就有两件深刻的记忆。

七岁那一年，随阿公到了他的友人家，他们一见面，热络地把小孩子忘在一边，当我表示无聊吵着要回家时，那位叫叔公的，他抱着歉意说：“啊！我忘了，我带你到后院，后院的龙眼生得累累。”他问我会不会爬树，阿公在旁说：“这孩子像猴子一样，他常常在帝爷庙前的大榕树，爬起爬落像演马戏。”他们把我留在树上，又到屋里喝茶聊天，我看到树上累累的龙眼，高兴得不得了，一上树，马上就摘一把龙眼吃。当然，这一把吃完还可以再摘。

他们老朋友谈话聊天聊到差不多了，阿公他们到后院来带我回家。他们惊讶地看到我抱着龙眼的树干在哭。他们不约而同地问我：“你为什么哭？”我望着仍然结实累累的龙眼树，哭着说：“龙眼那么多，我吃不完……”

我的话不但让两个老人笑弯了腰，后来我长大了，想到了总是不忘记再嘲笑我一番。

还有一件有关龙眼的记忆。

那是小学四年级了，有一位代课的女老师，要我们画图，画“我的母亲”。当每一位同学都埋头画他们的妈妈时，我还愣在那里不知怎么好。老师责问我为什么还不画，我很小声地说：“我母亲死了。”老师突然客气起来，她很同情地问：“你妈妈什么时候死的？”我只知道一年级的时候，不知是哪一天。我更小声地说：“我忘记了，我不知道。”“不知道？”她小声而急切地问我。这下我真的愣住了。老师再问我一次，我还是答不上来。她急了：“什么？妈妈哪一天死都不知道，你已经四年级了呢！”同学们的注意力都被老师的话吸引过来了。老师看到同学都在看我们时，老师就叫我站起来。她大声地说：“各位同学，黄××说不知妈妈是哪一天死的！”许多同学不知道是讨好老师呢，或是怎么的，他们竟然哄堂笑起来。“有这样的孩子？妈妈哪一天死的都不知道。你的生日知道不知道？”我想我不能再沉默了：“我知道。”老师用很奇怪的声音吊了一下嗓子说：“嘿——有这样的学生？妈妈哪一天死了不知道，只知道自己的生日。”同学们笑得更厉害，我羞死了，我想我真不应该，我想我犯了大错了，有多大，我不知道，我难堪之余急出答案来了。我说：“老师，我知道了。”

“哪一天？”

“龙眼很多的那一天。”

老师惊叫：“什么龙眼很多的那一天？”

同学们的笑声，差些把教室的屋顶掀了。

那一节课老师就让我直站在那里没理我，我想起妈妈死的那一天的经过，它历历如画的画面，就像电影一样，在脑子里重翻一遍。

妈妈弥留那一天，家里来了很多人，平时都很少见过他们，据说都是我们的亲戚。阿嬷里里外外忙着，中午已过多时，我和弟弟因为还没吃，所以向阿嬷叫肚子饿。阿嬷严厉地骂我说：“你瞎了，你母亲快死了，你还叫肚子饿。”我们小孩当然不知道母亲快死了就不能叫肚子饿，不过看阿嬷那么生气，我们只好不再叫饿。我和弟弟各拿一个空罐准备到外头去捡龙眼核玩。我们外头被卫生单位泼洒了浓浓的消毒药水，还围了一圈草绳，因为妈妈感染了霍乱。我们撩开草绳就钻出去了。我们沿路捡路人吃龙眼随地吐出来的龙眼核，捡到帝爷庙的榕树下，有一群老人围在那里聊天，其中有人在吃龙眼。我和弟弟就跟人挤在一起，为的是等吃龙眼的人吐出龙眼核。就这样过了一阵子，阿公急急忙忙走过来了。这里的老人都认识阿公，也知道他的儿媳妇病危，有人问他说："允成，你儿媳妇现在怎么样了？"他没有直接回答老朋友的问话，只对我们两个小孩说："你母亲都快死了，你们跑来这里干什么！"说完拉着弟弟就走，我随后头，只知道妈妈快死了，但是一点也不懂得难过。

当阿公带我们回到家门口时，暗暗的屋里看不到人影，但异口同声的一句话从里头轰出来，他们说："啊！回来了！"

进到里面，弟弟被推到母亲的身边，妈妈有气无力地交代他要乖，要听话。弟弟被拉开之后轮到我靠妈妈的时候，我还没等妈妈开口，我就把捡了半罐的龙眼核亮给妈妈看，我说："妈妈你看，我捡了这么多的龙眼核哪。"我的话一说完，围在旁边的大人，特别是女人，他们都哭起来了，我也被感染，也被吓了，没一下子，妈妈就死了。哪知道"妈妈你看，我捡了这么多的龙眼核哪"这一句话竟然是我和母亲话别的话。

长大之后，看到龙眼开花的时候，我就想，快到了；当有人挑龙眼出来卖，有人吃着龙眼吐龙眼核的时候，我就告诉我自己说：

“妈妈就是这一天死的。”

黄春明

台湾宜兰县人，乡土文学小说家，擅长描写小人物的故事。曾担任主持人、电影编剧等，著有《儿子的大玩偶》《看海的日子》《莎哟娜啦再见》等。

取药的小窗口

廖玉蕙 / 文

那年春天，气息微微的我，紧闭双眼，趴在母亲背上，由她背着寻医。头皮无端发炎红肿，整个头几乎肿成了两倍大，高烧不止，脸红得跟关公似的。村子诊所的医生都束手了。后来被诊断出叫“蜂巢症”，我怀疑就是现今所说的“蜂窝性组织炎”。长大后，老听母亲叨念：

“日头赤炎炎，我背着四界去找医生，大家看着你趴在我的背上，跟死去共款，都讲未活了！叫我带转去厝里准备。后来，是你姨丈不死心，强强把你救起来的。讲起来，伊算是我们的救命恩人，你要一世人记咧。”

母亲口中的救命恩人，其实并不是我血缘上的姨丈，而是母亲干姐姐的丈夫。母亲年少时，聪明伶俐，非常讨人喜欢，因之被邻居手帕交的母亲收为义女，青梅竹马的朋友就此成了姐妹。

母亲十三岁时当了客运车长，干姐则到诊所去帮忙打杂、挂号、打扫，用现在语言叫“护士”，只是当时的护士不需考执照，只要在诊所待久了，自然升格去打针、包药。药，包着、包着，和医生日久生情，竟直升为“先生娘”。因为这层干姐妹的关系，妈妈的九个小孩，甚至十几个孙子从小到大，去看病从没花过钱。早年是因为家境清寒，付不起；其后经济改善，付医药费已不成问题了，却是姨妈怎么也不肯收。

姨丈是中部名医，因为盛名在外，求医者络绎于途，基于供需的关系，医疗费用相形之下就高出其他医院甚多。姨妈老抱怨：“如果不是别的医院看不好，耽搁到眼看就快不行了，患者也不会送到我们这里来。来的时候，通常病情已经万分沉重，医药费当然贵啦！”到底是病患无法负担高诊疗费，导致非到病情严重不敢前来就医？抑或别处无法治疗，拖成沉疴，所以，医疗费用才会居高不下？至今已无法判定。但我曾亲眼见到一位四处求医无效的焦灼母亲，步履踉跄地抱着脸部发紫的小婴儿来求诊，姨丈只松掉小儿身上层层包裹的衣物，再打一剂盐水针，孩子便奇迹般地恢复正常。姨妈悄悄告诉妈妈：“其实，只是衣服包太紧而已！”那位太太满心欢喜地递上昂贵的医药费不说，还感激地差点儿下跪。我为病患抱不平，母亲却说：“你懂什么！这就叫作医术，药本身不值几个钱，值钱的是正确的判断。”

姨丈是位沉默寡言的长者，看病时，一径肃穆，惜“言”如金，往往只靠三字真诀便一切搞定，病患坐下后一句：“安怎？”患者边诉苦叨叙了一长串，医生诊脉、观舌、听诊、按肚子，听筒取下，最后一声“嗯！”然后，开药，用肢体语言示意走人。虽然看来和病患毫无沟通，但光靠望、闻、切三步骤，却药到病除，极为神奇。

姨丈的医术当然是绝顶高明的，据母亲说，他经常订阅最新的医学杂志，诊疗之外的时间，都在认真研究医理，是个非常用功的医生。可我那时不明白，只觉得他有些古怪。在诊间以外的地方遇到时，他浑然不识似的，目中无人；就算同桌吃饭，他也总像是在状况外，沉思、斟酌，少与人交谈。在我的印象中，他是个温和却无法让人亲近的长辈。我小学毕业、考上台中女中那年，有一天，下课后，穿着制服去就医，他破天荒亲切地打破沉默，问我一些病症之外的问题，诸如在学校有无交到好朋友、功课好不好之类的，把我吓得语无伦次。回家途中，母亲骄傲地朝我说：“你姨丈最看重会读书的孩子。”

小时候，最怕去给姨丈看病。爱脸的年纪，光想着免费占人便宜，就百般别扭。到了医院，母亲看似干练地在居处和诊间四处穿梭打招呼，其实是在伺机行动。她眼观四面、耳听八方，往往就在两号病患前后交接、姨丈起身上洗手间的空当，便眼明手快地推着别别扭扭的我闪电就座。等姨丈回来，看到落座的我，依然是标准句：“安怎？”然后，母亲言简意赅陈述病情，外加简单的寒暄，我则模仿姨丈不开金口以掩饰内心的忐忑。等候拿药的时刻最为难挨，势利的取药生刻意延挨着，让我们鹄候多时。有时等得实在久，我不耐烦了，低声吵着：“不要拿药啦，我们走啦！我的病好了啦！免吃药了。”妈妈却只顾威吓我，顶多也只敢挂上讨好的笑容到小窗口前，低下身子、斜歪着头朝里头的取药生谦卑地怯怯请问，那姿势，是如此屈辱压抑，让人难以忘怀。当时，小小年纪的我冷眼旁观，每回都犹如乱箭穿心。

医生家庭，当然家境富裕。他们的孩子和我们家数目相似，年龄参差。母亲在我小学五年级时将我转学到师范附小，他们家的其中三个孩子都正好和我同校，有一位甚至还恰恰就跟我同年，虽然隔壁班，却老死不相往来。他们坐着专用家庭三轮车上学，我则搭乘公路局班车，再徒步到校。中午，偶或经过校门，看到他们家三个白皙的孩子在校门口鹄候车夫送来热腾腾的便当，我总刻意目不斜视、低头快步走过，抵死不打招呼，内心里埋藏着弱势者的悲伤。明明白白知道我们是两个世界里的人，他们是高门里的王子、公主，佣人、司机环绕。我想象着他们的便当里是油亮亮的鸡腿，便当外是香喷喷的苹果；而我，虽然站在升旗台上昂首神气地指挥，功课一级棒。但是，寒酸的便当里有的只是蒸过后颜色惨绿的青菜，外加几块薄薄的萝卜炒蛋；更伤心的是，进到他们家的医院，俨然就是没有付钱看病、接受施舍的穷光蛋，是窄门深巷里永远没有希望的灰姑娘。那种郁卒，折磨着幼小年纪的我，偏我体弱多病，三天两头得硬着头皮到他们家报到，有时，我甚至宁可自己生病死掉还干脆些。

年轻时的姨丈高大英挺，姨妈却是出奇的矮小瘦弱，夫妻俩好像总有排解不完的纠葛，姨丈间歇地和年轻的小护士谈着不伦的恋情，他们的婚姻中充满不致灭顶却险象环生的怨嗔。妈妈于是顺理成章成了姨妈诉苦的对象，当两个女人辟室密谈交战手册时，我只能百无聊赖地枯坐一隅，面对窗口外的大片蔚蓝天空，觉得地老天荒。

因为积欠太多人情，母亲一径谦卑。同样出身的姐妹，忽然发展出贫富悬殊的境地，虽然姨妈一如年轻时的琐碎、唠叨，可是那样的琐碎经过门第的洗礼，翻成奇异的压力。而想象的豪门起居，真正落实到现实里，也有我所不能了解的困惑。看完病的午后，姨妈有时会留我们母女俩吃饭。那日，他们的孩子总是格外欢喜，因为我的母亲会下厨做菜。成天被保姆追着喂饭、看来极度厌食的孩子，对我妈的厨艺显然满怀信心。偶尔，因为没赶上做菜，母女俩直接登上餐桌前，说实话，连我对桌上的饮食都难以下箸。食材虽然不错，吃起来却诡异地毫无滋味，难怪每个孩子都对吃饭一事恹恹然，一副营养失调的模样。记忆里，姨丈极嗜吃豆腐，几乎无一餐不有之；他奉行“An apple a day, keeps the doctor away”的信条，饭后总见他拿着一颗红苹果，满意地啃着。似乎一颗苹果就弥补了他生活中所有的缺憾——明明依照医学原理细心照顾的孩子偏偏苍白羸弱；分明恋爱成婚，夫妻感情却老不尽理想。

家家有本难念的经。做人的骨气必得靠付出起码的劳力或财力才能维持基本盘。那些年，我还经常看到母亲从公教福利中心购买廉价的大批民生物资如牙膏、牙刷、毛巾、香皂等，看病前或看病后，不动声色地塞进姨妈家的橱内，希望以蹇涩的回报弭平心里的不安与压力。一家九个儿女是妈妈的罩门，九个孩子轮流生病，她没有好强的本钱。在形势比人强下，语言泼辣、个性强悍的妈妈在姨妈面前却总是俛首敛眉、轻声细语，成了个我所不认识的人。

除了偶尔即兴表演做菜的本事，妈妈还经常被姨妈招去帮忙缝制衣服、窗帘、沙发椅套（天知道她是怎么学会这些本领的！）只要姨妈开口，妈妈不但从来没有拒绝过，而且几乎是立刻放下手边的工作，急慌慌奔赴。而我一肚子不合时宜，经常对母亲的火速应召感到羞愧，甚至萌生莫名的愤恨。等到年纪较长，对人世稍有理解，才知母亲勉力维持的施与受的平衡，是她和姨妈一世相交能至死方休的诀窍。母亲没有受过高深教育，不懂得古人“受人点滴，报以涌泉”的浪漫，她一生常挂在嘴边的是更具庶民精神的：“呷人一斤，至少着要还人四两！”她无时无刻不把这四两和一斤的重量掂在心底。“伊算是我们的救命恩人，你要一世人记咧”的殷殷叮咛，就是能力不达四两却想直追一斤的人际失衡忧心，注定她一世得躬身哈腰。

大学毕业后的第三年吧！我还在幼狮公司担任编辑。那几个表姐、表弟不是成了医生，就是正就读医学院，唯一的遗憾是小女儿没有习医而念了当时有名的新娘私校。为了弥补缺憾，姨妈坚持她一定要嫁个医生，将来翁婿儿女齐聚，开个综合医院。媒婆闻风而至，介绍了一位台大的医生。年轻英俊的医生，不知是内心另有所属还是怎的，竟对我那位粉妆玉琢的表妹不甚青睐。当时，还不时兴E-mail，情人间犹流行书信往返。志在必得的姨妈，于是转而向母亲求援，希望在亲戚间略有文名的我伸出援手，帮忙写几封文情并茂的情书，看看能否扭转乾坤。当母亲转达姨妈的请求时，我自然以“这无异诈骗集团行径”一口回绝。没料到母亲居然大发雷霆，责备我忘恩负义，“拿笔对你来讲，是极简单的事情；这款人情你不肯做，是要叫我怎样做人！”我苦笑以对，跟她解释中文系其实没有教人家写情书，何况这是不道德的事。母亲不管，她认定我拿乔，接下来的好些个日子不言不语，跟我展开冷战。“写几张信，又不是叫伊去杀人，有什么不道德！哼！”我听她背着我跟爸爸埋怨儿大不由娘，“呷人一世人的药，只是叫伊帮忙写几张信有什么为难！哼！……”不得已，我只好勉强应命。如今也想不起来究竟写了多少信，总之，几个月后，婚事忽然峰回路转，欢喜收尾，我全然不知是否拜文字之赐。

多少年后，台湾经济起飞，我们的家境也随之慢慢好转。

兄姐一个个成家立业后，母亲开始在家里过着悠闲的日子：喝咖啡、看电视，到处旅游，成为孩子们极力孝敬的慈禧太后，走路有风、话出如令。然而，不管环境如何变化、妈妈如何逐渐成为我们心中呵护备至的宝贝，上半辈子承受自姨妈家的恩惠是累代无法报偿的。一年夏日，姨妈想是忘了我的母亲业已老迈，不堪眼力太甚的工作，不能负荷长时间的体力付出，她错认母亲依然如年少时的干练，依旧请她前去缝制沙发椅罩！

那几日，母亲早出晚归，回家后，非但食不下咽，甚至晕头转向地蹲在马桶前干呕。我心疼不已，建议母亲，干脆买现成椅套赠送；或者由我花钱请专业人士代劳。母亲期期以为不可，她说："做人不可以这样！不能用这样无情理的方式对应，这分明故意要让你姨妈难看了！她一向勤俭惯习，并不是悭吝，我们若是这样做，怎对得起伊一向的照顾。"于是，她依然排除万难，挂上老花眼镜头昏眼花地逐日完成。姨妈非常开心，逢人便夸耀母亲的手艺，她不知道的是母亲为此大病一场，躺在床上动弹不得约莫个把月。稚龄时，倔强地坐在诊疗椅上为着自己的委屈紧闭双唇的我，这才彻底了然当年母亲背着一个又一个小孩前去就医时，内心所承受的压力是何等的巨大。

前些年，姨妈、姨丈相继过世，母亲也跟着走了。医院在表姐、表姐夫掌理下，可能因为面临大型医院的竞争，也或者医术不再独领风骚，好像已逐渐失去优势，不再像昔日般的风光。然而，那段好似已然尘封多时的岁月，却常常毫无预警地就在怀念母亲的同时，跃上脑海。许多被我忽略的小细节，忽然煌煌地闪耀在我的脑海：不善言辞的姨丈总在诊断完毕后，轻轻地拍拍我的肩膀；姨妈常在我们窘迫等候取药的当儿及时现身解困；表姐妹们在看到我们时，羞涩转身的刹那，眼里曾经闪现的光彩；还有，其后姨丈投资旅馆业，将庞大的工程交付父亲管理的全然信任……啊！原来当年因为自卑作祟，我见到的只是自己的伤口，想到的只是母亲的委屈，完全来不及静下心来观看广阔的世界，咀嚼复杂、细致的人际关系。如今总算能够豁达面对心里居住的自卑小鬼，人生途程中的诸多遗憾和创伤也有了不同的解读方式。然而，每每思想起当年母亲弯腰、微侧着头面对那个取药的小窗口时的背影，却还是常常被招得眼红鼻酸！

廖玉蕙

台湾当代文学作家，大学教授，曾担任《幼狮文艺》月刊编辑，现为台北教育大学语文与创作学系教授。曾获中山文艺创作奖、吴鲁芹散文奖等。

看太阳的方式

杨莉敏 / 文

一　日食观测

数学可以考四十五分，自然三十分，甚至是语文考五十分都无所谓，只要知道看太阳的时候不能直视就够了，毕竟小学六年全部，我只知道了这个。

今天班上的人持续在看不见我。原因大概是前几天我不听圆圈里中坚分子的话，坚持要把我的呼啦圈借给她不喜欢的女生玩，所以隔天，全班延续起百年不腻的“优良”校园传统，开始大玩排挤游戏，进入到集体潜意识催眠的状态：完全看不见我。当然，分享我呼啦圈的女孩也加入了催眠游戏，她拥有合群的美德，不可能不加入。于是，我好像喝了怪博士所调的特制药水，不得不一天比一天透明，而我跟卡通人物的差别是，我不会拥有超能力或是飞在半空中的本领，只是单纯地越来越淡而已，没有别的。

伙食太好，秋天的麻雀都特别肥，肥肥的，看起来总是很开心，所以我喜欢看麻雀，反正不用讲话，把我的全部小小生命拿来看麻雀正好。下午第一节上数学课，习作没写，黑板上算术不会算，课本空白，理所当然被叫到走廊上罚站，刚好又可以看麻雀在沙坑里面洗身体，洗得一个洞一个洞，小小的，像是小型飞碟在打摩斯密码，但是我只拥有缺角型不灵光脑袋，怎么样都不可能破解，打给我看也没用。

没多久，密码都还没打完，不知道为什么学校开始骚动起来，班上的人也不知道怎么回事都走出教室，纷纷三两成群消失在视线里。终于，老师最后一个步出教室，脸上堆着陌生至极的笑容说，日食要开始了，不上课了，叫我也赶快去操场上看日食。

我继续站在走廊上，不想看日食，我只想看摩斯密码，那是属于圆圈群体的日食，不是我的。隔壁班的老师从教室走出来，走廊上只有我一个人。她问我怎么不去看日食，我说："那是很重要的事情吗？"

"应该重要吧，日食是难得的天文现象，大家都想看。"接着，她把手上的底片剪成两半，一半给我，带我到楼与楼相交的死角处，这里有遮阴又可以看得到太阳。

"一定要像这样，透过底片对着太阳看，绝对不可以直视太阳，不然会受伤。"

真的，圆圆的太阳有缺角。可是我比较喜欢圆圆的太阳，不喜欢缺角的太阳，不过还好，不久后太阳又恢复成圆圆的了。那个老师说应该要回去上课了，问我好不好看？“嗯，可是我比较喜欢圆圆的太阳。”

她笑笑：“这样啊，其实太阳一直都是圆的哦，而且记得，看太阳的时候一定要用底片看，不然会受伤。”

二　抛物线

走到二楼，左手边与右手边是两个截然不同的世界，左手边的教室有六台电扇，但是右手边的只有四台。这是细微却也非常重要的差异，因为如此一来，向左走就代表了前程的光明与备受呵护，反之向右走，即没入了一种不被重视、闷热与阴暗的生存状态，走上这座楼梯，我们就会变成将要投胎转世的幽魂，毫无选择地被推入人道或牲畜道，并且只有这两种可能。

秋天的时候，我向左走了。我终于进入了培养皿的世界中心，干净、无菌、充满营养，被隔离在透明玻璃里培养加工，因为在未来的未来要加入社会之前，我们必须要先符合生产规格，将来才可以顺顺利利地被生产线所包容，因为瑕疵品会被丢弃。

暑期辅导的最后一门课，老师说要带我们这群营养过剩的幽魂玩水火箭，大家背起书包往学校中庭的方向移动。这时老师把落在人群后头的我叫住，劝导我不要再跟以前的朋友往来，应该要积极融入现在的培养皿班级，因为以前的朋友现在处于右手边的牲畜道，跟我是不同的世界。

“多跟现在班上的同学相处嘛！”

“嗯……”我不知道该说些什么，因为我好像是错误的。

太阳开始向下坠。

解说完水火箭的使用步骤后，大家就各自分组自由活动，我站在远远的地方，看着每一组的饮料瓶试图飞上天的壮举，好像想要碰触到太阳般，奔射向不同的轨道，有时秋风强劲，一下子就被吹歪、偏离了原本的航道，就这么，一次又一次地朝着太阳更靠近一些。飞翔的时候，水花在我们的头上喷溅，可是我却觉得很干爽，心里空空的。

全班轮完，只剩下我还没有操作过，老师好心地将我叫到前头，在众目睽睽之下做发射水火箭的首次演出。大家交头接耳地低声嬉笑，有点不耐，又有点兴奋，兴奋是因为在看完这出无聊的首航秀后就要放假了，此刻我也有点想要跟他们一样，或许就会感到比较轻松。

火箭发射，被空气挤压而排出的美好水花溅湿了制服裙的下摆，它持续地上升，脱离了干枯而无菌的幽灵母体，与这些培养皿安全又重复的隔离政策背道而驰，它竟然画出了一道抛物线，拥有完美的、独一无二的弧度，它在它自己的轨道上飞射而去。就在到达抛物线的最高点时，它碰到太阳了，虽然是即将要西沉的状态，但是，它碰到了。

我感觉很干爽，心里空空的。

三　海底日照量

一路弯上去，什么都没有，除了风之外。

这种时刻很尴尬，天色未明，全世界还是一片的深蓝，但是街灯已经熄灭了，整条上山的羊肠小道只有我穿的红色外套在燃烧。台风前夕的清晨，风倒是吹得很狂放，远方的树海被风吹起的幅度姿态，像是黑色的海浪，平日习于从四面八方步上朝圣道路、拥挤的健行鱼群，现在全都不见了，在这种阴暗的清晨，显然没有一尾想游出来。就只有我，随着浪潮，一波一波地被推及远方，想要去看太阳。

踩下的脚步软软的，没有太多的真实感，所有能做的只是随波逐流。从什么时候开始，海水不知不觉地填注我的时空，一举一动变成了不合时宜的缓慢划水，声音从外界被隔离出去，抗拒外在焦躁的快速，或许我只是想要按照自我的速度好好生长。

所以我走进了海里，这是我贫瘠的不灵光脑袋推演出的唯一的方式。

出生的时候明明没有附带说明书，但是世界总是一视同仁地以罐头加工的规格将我们包装出厂，排排站被摆上了输送带，一直以来都渴望拥有瑕疵让我被生产线检验为不合格，然后被丢出输送带，可是不知道为什么，我冷冷的金属包装内里的腐败因子却一直没被发现。于是有一天我只好生病，让病菌爬上了我的表皮，用了这么浅薄的策略，终于，在输送过程中我被一脚踢进了贴有瑕疵品标签的箱子里。我带着空空的书包自己去到海边，都想好了，鞋子袜子要怎么摆，衣服要不要脱下来折好，还是就穿着？不写信，因为再怎么写都是错误，没有钱也没有所有物，不需要交代什么，一切都很简单，只要走进去就行了。

但是有人在钓鱼，也有人拿着望远镜在看候鸟，更有人浪漫地手牵手在捡贝壳，怎么走进去？简直就是一场闹剧。闹哄哄的，这种时刻有这么多的人，他们正在过日子，有一个小男孩在放风筝，红色的鱼飞得好高，线拉得好长，握住线头的手好小，表情很开心。风势强劲，风筝越飞越高，我像是离群索居在深海里的生物，海底的日照量仿佛如这根风筝线般的细弱，即使如此，它还是可以握在手里，一丝尚存，我突然想要依靠这个，重新生长一次。

远方的沉重云层很朦胧地透出阳光，原本深蓝的天空开始渗出粉橘的色泽，我被汹涌的海浪静静地推向太阳升起的边界。常常看不到太阳，也不知道缓慢的逐日方式会不会因为日照过少而不适生存，但是我不要剧烈而直接的光线曝晒，也不要大步大步、无法迟疑的陆上追逐。腐败的病菌在海底释放出来，没有人在意，也不会变成污染源，它们是养分，在包围着我。我在做追寻的习题，于是每天都是一种练习，每天都渴望得到阳光而自我进化，虽然常常一切都很平静，一切都没有发生。但是健行的稀疏人群此刻开始从我的身后超越而去，每天从黑暗里苏醒，然后朝着日出的方向，一点点地重复、修改逐日的练习，我们安静地走，偶尔停顿，我们想以此度日。

老师的话，我一直都有记得。

杨莉敏

台湾新锐作家。

3 人生最美是清欢

第三章

在复杂的世界里，做一个简单的人。以清静心看世界，以欢喜心过生活。愿你能从浮躁的世界找到内心的平静。不浮不躁，不慌不忙，淡定从容地过好这一生。

沐浴绮谭

雷骧 / 文

父亲最后一次独自出门，即前赴都会中仅存的上海式澡堂洗澡。

对一位七十五岁的老人而言，途程堪称复杂：须转乘长途公路汽车、计程车以及短途步行，方能抵到位于台北曲巷中的“逍遥池”。那里有热忱相稔的堂倌、搓背师傅，以及似曾相识的其他泡澡客，之间，展开愉快的聊天极为自然。父亲躺在宽阔的汤池边缘，瞧着热气蒸腾呈淡青色的热汤，意境想必一如澡堂的名字“逍遥”。

虽然自己家中淋浴、泡澡的设施齐备，但父亲总时时念想起大澡堂混浴的滋味，高温的水深深浸没双肩，浴池间充满热闹的共鸣语声，为了这些，父亲少则十天半月，多则一两个月，宁愿乘车受罪，也要去泡一回。

话说炎阳的午后，父亲一个人走在清寂的巷子中，忽然一个颠踬腿脚软下来，跌坐在柏油路上，路上此刻一无行人。不论怎么左右用力，竟不能让沉甸甸的身躯重新站起来。

“难道就这样起不来了吗？”父亲低头看自己笔挺的西裤光洁的皮鞋，觉得不可思议地难堪，柏油路面的炙热渐渐传上来。有一个妇人从公寓阳台看见这一景，奔出来才将父亲扶起……

上海式澡堂的情调现今人大都不明白。幼时曾被父亲带去一两回，总觉得热水浸到胸口，就十分窒闷。烟雾弥漫中，见泡得浑身通红的人体，从池底起起落落。还有的躺卧两尺宽的池边上，任由搓背师傅像洗洁物品样地对待，受者一面发出不知其为痛苦或愉悦的呻吟。

这种肉体上的满足，大约各民族都有所追求。参考著名的古罗马卡拉卡拉大浴汤的设施图鉴，可见当时玩得如何过火，以致历史学家将帝国败亡的社会风气归咎在这上面。

早期日本的付费公共浴场称作“钱汤”（有别于庙宇或官方的“施浴”），二楼设有男人的休息室，专门有“汤女”作梳理头发、擦拭身体的服务。《庆长见闻录》写道：“汤女们容貌出众，态度优雅亲切，比诸老婆有过之”，她们还兼及执壶谈笑。这样的服务终归要出事，于是幕府出面干涉。浴场改雇叫“助三”的男性侍役以代替“汤女”——大约同上海澡堂的“搓背师傅”类似的角色罢。

近期台湾的家屋中，将“四件套”（淋浴、泡澡、马桶和洗面台）固定设置在一个空间里，已十分普遍。对古人而言，把“洗洁”与“排遗”两种设施放在同一空间里，还十分不调和呢。他们的做法或许更简单：放置马桶的地方，就是便所（或许是卧房的一个角落）；放置澡盆的地方，就是浴室（或许是厨房的一部分）。

我听说过祖母的事。在一日劳累之后，特别是冬天的夜晚，祖母会端一木盆的热水到床边，把小脚连同裹脚布一并浸泡进去。当那温热沁入身心，以致打算坐浴的祖母在自己的膝头睡着了——孩提时代的父亲夜半忽然醒来，见木盆里的水早已冷却，且表面层已结冰，祖母像粽子似的小脚实际是插在冰片之中……这成为父亲对“生儿劬劳”一语刻骨铭心的形象。

往昔，只要不寒冷，人们大都往溪河里就浴，即使妇女也有特选隐蔽的地方（在巴厘岛旅行时，导游为此特地开车停在某一高处，向溪谷间指指点点）。

我的河浴经验在二十世纪九十年代末，俄罗斯东部沿日本海的生态保护区叫斯巴斯克。寄宿木屋是由整根树干堆叠的“墙”所围起，外里厚实壮硕很有风味。设有公用浴间，但供水不足，水喉出水只勉强连成一条细线。

这是夏天，气温约十七八度，十分爽飒，野外踏行整天回来而不能洗澡感到痛苦。几天后，在木屋区近旁发现一条水量丰沛的小河，两岸林木掩映，我想不妨裸浴罢。很奇怪，河面上漂浮着高达一米的雾气。下河浸浴不过一两分钟，跳上岸来即全身冻得通红，与澡堂热水浴上来的人体外观一样。这河水来自源头高处的融雪呀，譬如我们取出冰箱里的冰块丢在桌上，也会产生一层雾气漂浮，大约河面漂雾也是同一道理。

短暂地浸在湍流的河底，又爬上岸来，这么交替着。两岸高耸的蒙古橡木林遮蔽天空，云朵缓缓移过，像十九世纪画家柯罗的素描。耳朵传来啄木鸟笃笃笃啄树干的声音。偶尔对岸三五个人扛着伐木的斧锯走过，看见我就举起大拇指笑着，不知是嘉奖我的勇气，还是讥讽我的傻气。这些喜欢穿方格子条纹上衣的工人们消失林间之后，我总听不到应有的伐木声传来，大约林场在甚远的地方呢。

位于喜马拉雅山麓的不丹，有旅人住进首都的一家旅邸，浴室装置着从印度进口的浴缸，但旁边有一口盛满水的塑料桶，还有像电炉那样的东西，露出电线——仿佛是要旅人直接放进桶里将水加热之用。

那个旅人说：当地人的热水浴法更值得羡慕——田埂旁挖好坑洞（相当浴缸的规格），在旁边把一堆石头烧热，直接丢进坑洞的水里，就可以进去泡热水澡了。

我的小孙女才四岁，已能分辨“淋浴”与“泡浴”的优劣，她常说：“我不喜欢像下雨的那种东西……”她家浴室装置了直径十五厘米号称“花洒”的新潮淋浴设备。

如果有机会在我家浸浴，孙女定要在浴缸里戏耍半小时流连不起。她已粗具美人胚的脸颊，反应敏捷，长着一双含笑的眼睛。有时我探看她在浴盆里的喜悦之状，她便迅速关闭隔开干湿的玻璃拉门。

现在的这口塑钢浴盆，保温效果比陶瓷制的好。它整体曲弧的线条如一支优美小提琴胴体，中间弯进来的部分，左右各装了金属扶手，以便浴者轻易起落。它一体暖灰色调，似乎为烘托浴者裸体的细白与丰润。为了增高泡澡时的水位，我们将上方原有的泄水口以塑胶泥堵塞住了。我常在热水覆体中孤芳自赏，研究水中浮力以及折光所产生的种种变形。

我们并非最初即拥有完善的沐浴设备，犹记得孩子们小时候，我得从厨房端一口大锅滚水，到距离很远的一个我们称为“浴室”的空间，倾注进一只大桶里与冷水调和，看顷间升腾的雾气，妻子口中哄着哆嗦着裸体的孩子们说：“来，洗个雾雾澡！”

洗澡设施普遍简陋的时代，对于旁人享有合理、舒适的沐浴道具，难免心生嫉妒。二十世纪八十年代，我曾经参观过宋美龄的浴室——这儿曾是蒋氏南京的别馆，楼下现时为一家高级餐厅，开放给人参观的二楼，摆设家私木器，以及置放瓷浴缸的光线亮敞的浴间。从我们现今的眼光评价，这个带着四只兽脚的大浴缸算不上华丽，其他附从的洗面台、帷幔和脚凳等等，倘若编入一本当下的浴室设计型录里，都不算突出。大约参观的人难免在脑中映出老妇沐浴状态下不完美的形体。猜想作此安排主要的目的，似乎在于要民众产生“奢靡生活”的印象。

那是中国物资条件不足，都市的人们大多在公共澡堂洗浴的时代。

据说台湾演员鲁直回到东北家乡，住在弟弟家里，第一天晚上张罗在自己家里洗了澡。第二天鲁直同样提起要洗澡的事。弟弟说：“昨天不是才洗过？老哥，哪能天天洗澡啊！”

气候的关系，台湾人实在太爱洗澡。

某年我在巴黎短住。一位在剧团工作的台湾女子，好心地把租住地方分了一间房给我。那是市区典型的四层楼公寓，大约有上百年的历史了吧，建筑形式成熟、施工讲究，尤其是近期才大肆改造了浴室，先进的陶瓷与雪亮的黄铜配件，对一个喜爱洗澡的短期住客，有莫大吸引力。

半个月后，终于收到二房东放在我桌上的留言：

“请你改变每天早起洗浴的习惯。”大意是这么着：“这里的壁板甚薄。排演实在很累，却不得好睡眠，明天即将预演，愿能安眠……请勿上午十时前入浴。这么说，可千万别生气。”

她的意思是：我每弄出很大声响，以致侵扰她睡眠。自忖并无在沐浴中狂歌，或拍水的习惯，只是正常安静地洗澡。反而对于有人十五天来全程地倾听，感到悚然。

我俩的作息显然完全相左，但我从不知道女演员何时入浴。

那之后，有一回偶尔谈起，她说：法国人不常洗澡，拥有完善的浴室只是一种形式。他们习用香水，她又补充说。

我所理解这句话未说出的意思是“以掩盖体臭与汗水的气味”。

我住家所在的北投，路口往往出现十几块指路标，曰：会馆、宾馆、温泉旅邸等等，显见发展出温泉之乡的风物。有五年时间，我们加入当地一个俱乐部形式的会馆，有泳池、健身锻炼的器具，以及包含汗蒸、干烤与冷热水浴等等。

会众在大浴间的形象其实可笑：赤条条地在铺有卵石的步道上走来走去；有的做体操；也有人坚持用皮管强烈水柱冲地；有人自备橡皮球不断往身上拍打，伴随吼叫和呻吟（当然这说的是“男汤”情形）——此情此景大约精神病院的大通间差可比拟。

我读书寄宿舍时代，也有供热浴的大澡堂。有一年暑假，少数留校同学，集中原舍房住。照旧食堂吃饭、澡堂洗浴。有一天同窗M与我两个人推开大澡堂的门进入，照例前面有桧木制置物柜，屏挡成脱换衣服的一间。我还继续脱着呢，M一马当先往隔壁大浴池冲去，忽然听见他大叫一声，裸身往回奔，口中说：“女的，女的。”拉着我往外跑。

后面传来哄然一片银铃般的笑声。

我们这才回头看见门外贴有告示：

“本浴室自即日起划归日本女大排球队使用。总务处”

M本来对异性身体、生理极具兴趣，此回竟然吃瘪。那些女排选手们原以为台湾也有男女混浴的习俗，忽见来者抱头（用脸盆遮着脸）而逃，怎么了呢？这才大笑开来。

男生由于服兵役经验，在大浴间袒露相见并不介怀。女性则不然。曾听一位女士说起那样的事：

几个年轻女同事共游日本，泡温泉少不了是旅游节目之一。平时在盛装下相与十分熟稔，但想到面临共浴而裸呈，彼此必得让其他人看到光裸而不安起来……（由于叙述者是个美人，我的耳朵不自觉地格外竖起）。

这七八个女子在更衣室各自秘密地脱去衣物，用大浴巾把身体裹得密实，心想：待会儿迅速解除浴巾，即刻浸入白浊的温泉里去，那么彼此对视的，只剩浮在水面以上的头部而已了。

在那有十几个池子的大浴场里，她们不约而同地向远处无人浸浴的池子走去，然后选定一池，围站在池子四边，依计快速丢弃浴巾踏进池子，立刻沉下去。大约过了五秒钟，裸女们一齐跳出水面！原来那无人问津的池水竟是高温滚烫的！

这一幕，在我脑中映出极其美艳灿烂，几个裸体晶莹滑腻地从蒸汽中浮升（虽然实情仓皇，但此时变成慢动作），使我联想到波提切利的《维纳斯的诞生》——美神降世时不可一世的光辉，棕红色鬈发披散，匀称的长身背后衬托着一枚巨型贝壳。这里同时浮升几个裸女就好像名画“诞生”的变造版，各人不自主的双手分别捂着身体的局部，意外的袒露使她们不得不低首羞赧……

沉浸于想象中的我，回过神来的时候，觉察到叙事者的话题早已抛开澡浴这件事，转向别处去了。

雷骧

当代著名作家、画家及纪录片工作者，现专事创作，曾获电视金钟奖、报刊小说推荐奖，著有《爱染五叶》《文学漂鸟》《雷骧极短篇》等。

四月的听觉

王鼎钧 / 文

四月・某日

晚间随老妻到朱德美女士家晚餐，另一对陈氏夫妇同席。朱女士信佛，我和陈氏都是基督徒，陈先生谈吐显示事主恭谨，但能与佛门弟子交往，颇见度量。

朱女士讲了一个小故事，很动人：

女孩的父母信佛，男孩的父母信主，两个年轻人恋爱了，双方家长都坚持对方必须改变宗教信仰才可以结婚，于是这一对恋人开始互相说服，但是谁也没有“投降”。有一天，男孩出了车祸，生命垂危，这个信佛的女孩连日进教堂跪拜祷告，祈求“他信的神保佑他”。男孩终于不治，遗言葬礼仪式照女孩信仰的佛教办理。

我想这个故事应该像“罗密欧和朱丽叶”，可以化解两家的宗教歧见。

四月·某日

老妻比我有人缘，常有访客倾心吐胆，而我不得与闻，这一次“无意中”让我听见了。想起画家的速写，想起素描、速写等用语句已移用于文学写作，于是速写如下：

婚后，朋友问我第一胎希望生男还是生女，我说“生女儿”，为什么？下面的男孩有个大姐比较幸福。

第二年我生了个男孩，全家高兴，我赶紧说“生女儿是我的第二志愿”。

可是以后第三胎第四胎都是儿子，在那个重男轻女的大家庭里，我这个媳妇连生贵子，算是很争气，给丈夫挣足了面子。我在笑逐颜开之余不免怏怏如有所失。

那是台湾“计划生育”高唱入云的年代，流行的口号是“两个孩子恰恰好”，我家超出限额一倍，不免惹人另眼相看，自己也确实辛苦。我们“外惭清议”，暗暗叫停，同时“内疚神明”，总觉得儿子都是“他”的，女儿才是“我”的。

渐渐的，我开始喜欢别人家的女儿，忍不住给她买件衣服或者送一件小首饰，于是有人说我在选儿媳妇，我赶紧澄清，选儿媳妇是儿子自己的事，不是我的事，我只把她们当女儿。“疼儿媳妇和疼女儿有分别吗？”有，那像是橙子和橘子都可口，像旭日和夕阳都美，可是有分别。

我喜欢女儿，渐渐有了一群干女儿。朋友说，如果你自己有女儿，又怎会有这么多干女儿？她们都跟亲生一样，她说我“赚了”。我连声称是，心中暗想，朋友借给你一张画，让你在客厅里挂几天，跟你自家的收藏能一样吗？

可是我已注定了没有女儿，有时候我看见人家盼望男孩，生出来的净是女孩，和我恰恰相反，心中纳闷：生男育女这档子事，冥冥之中真有个主宰吗？它是怎样安排的呢？它究竟勤快还是懒惰呢？是精明还是糊涂呢？它心存善意还是和我们为难呢？人口专家说，千百年来，世上男人的数目和女人的数目有天然的平衡，除非有战争或者溺婴恶俗，既然这样，为什么不家家平衡一下呢？

每逢看见“遗憾”或“心愿未了”这样的词句，我总想起我没有女儿。我不甘轻易放弃这个愿望，为了生个女儿，我愿意来生再做女人。

四月·某日

晚，雷声隐隐不断，是我今年第一次听到的春雷，温和如作试探。

这声春雷来得太晚了吧，我几乎把它忘记了，按照农历的节气，通常“惊蛰闻雷”，现在距离惊蛰一个多月，连“谷雨”也抛在脑后了。

听到雷声，老妻流下眼泪，为什么？她说她记得此生第一次听见雷声是在贵州，大约六岁，她问大人：老天为什么要打雷？她的爸爸说：“因为小孩不乖。”

为了这个流泪？就为了这个。

也许是为了她是一个乖女儿，可是老天仍然年年打雷。

也许为了她也为人母，而她的父母都老了。

有时候，你的亲人正是难以了解的人。

她泡了一壶茶坐下，我们喝茶，人在喝茶的时候不流泪（喝酒的时候流泪）。

然后她慢慢地说另一件事。她来到台湾以后，她的一个同学有了男朋友，这一对小情侣不断偷偷地约会（那年代还需要避人耳目）。有一次，雷声打断了他们的情话，男孩指着空中说："我若有二心，天雷劈死！"

可是他仍然负了她。以后她为人妻、为人母，听见打雷，悄悄地流泪，唯恐誓言灵验，雷真的劈死了他，她还是爱他。

为了转变气氛，我们互相挑衅，我问老妻是否也有男孩为她发誓，她问我年轻的时候是否也曾为女孩发誓，没有答案，谁也不需要答案。

我暗想，如果能再年轻一次，我倒希望在雷声之下有男孩为她起誓，我也曾经为女孩起誓，十九岁以下的誓言才美丽。

王鼎钧

山东省兰陵人，1949 年到台湾，1979 年应聘至美国的大学任教。创作生涯长达半个多世纪，著有《碎琉璃》《左心房漩涡》等，被誉为"当之无愧的散文大师"。

给吉米的信

冯平 / 文

吉米：

念去去，自古伤离，所以追忆。

我一位朋友，前阵子转寄一张相片和一部短片来。相片里两名青年人各坐沙发一边，看中间蹲坐的一只小狮子，眼里充满笑，脸上尽是骄傲和快乐。随邮件有一段话：英国法令不准豢养狮子，他们遂将它送回非洲；一年后，他们回去看它，人们劝说，小狮子不会记得他们了。小狮子还会记得他们吗？影片揭晓答案。

下载影片，播放，泛黄影像。狮子已经长大，身形健硕，从岩岭间缓缓下来；青年人伫立一边，满心喜悦，向狮子招手呼唤，等待狮子向他们走来。狮子起初懵懵，一会儿，眼神骤亮，通醒过来，加快了脚步。啊，相逢了！狮子欢跃轻跳起，前脚搭在青年人肩上，舔舐这个，磨蹭那个，旋又拥抱这个，舔蹭那个。欣慰之情，溢于言表，前所未见。

二十九秒后，影片自动重播一次，然后又一次。

天微微亮，他下床离开我，坐在纱窗前看日出。日从湖上升起，金光滋长，朝霞绚烂，晨风里有水藻腥湿的味道，有花草木石的气息，有大小各类飞鸟啼鸣的声音，还有什么？我不知道，他也不说。他只是静静地坐着，像一名沉思的作家；天行健，大自然的节气变化，万物消长，人来人往，一概看在眼里。

那一刻，我与他是心领神会的，但又说不出，他确切的心思到底是什么。他是惯于沉默的，好像正告诉你：你听，不一定听见；你看，不一定看到；你说，不一定说出。所以他宁可总结于一句叹息。我是爱他的沉默，有哲学家的身影；也爱他的叹息，有小说家的世故。

我睁开眼，又闭上眼，印下他在晨风中的踞坐。一幅静物画。

影片我看不下三十次，内心哽动，这是怎样一个有情世界？

你想，Carrie将来也会记得我吗？不记得也罢，我无怨悔，这两年七个月，他给我的实在太多、太多。对他，我始终是亏欠的。

Carrie，中文译凯莉。去医院阉割填表时，护士说应该叫凯瑞（Kerry）吧，我说阉后就无性别，还是叫Carrie吧，《欲望城市》女主角的名——单身写作者，单身公寓，投射出我写实的侧影。

六月生双子座，十二月雪晴时，我们在L城收容所相见欢，今天，他已有三岁。你和你家人从我手机上见过的，白颈腹灰色毛，像从水墨画走出来似的，唯造物有心于他下颏再勾一笔，像性格男星留一撮小髭，或好小子干架后贴一膏药。

他要的不多，书上说基本五项：食物，清水，砂盆，窗户，玩具。

宅男不出门，一定要有网络，他是要有透明的窗。窗外景物，有的太新奇，有的太古怪，有的太刺激；他觉得困惑，觉得有趣，觉得热血沸腾，瞬间纵身扑去，砰一声，鸟飞尽，四肢勾挂纱窗上，赶紧起床抱他下来。

十次有九次半，他踞伏在门口，等待。

他是惯于等待的，像情人一样，那等在季节里的容颜如莲花的开落……我一推门，他立身迎来，蹭我的脚，闻我行脚之处带回来的气味，或喵声询问："去哪里了？这时候才回来！"或理直气壮怨道："日头都落山了，你忒狠心，不顾我了！"

说着翻肚皮屈手扭身子，呼噜呼噜，又说："回来就好，见着你高兴呢！"哦，是这般绕指柔情，融化我一身疲困；我放下书包，跪坐在地，抚着他的脸，低头贴蹭他的颈项，直说爱你，爱你，爱你！

天知道，我人在外，总渴望拿起手机拨回家，问他在干吗？吃过了没？有没有想我呀？无论如何，能说上两句也好，一句也好！可叹，他没有门号，也不愿接电话；我听不见他的声音，心中煎熬，流着干泪，好想回家。

家啊，我们的家。

你在超市上班，一定听过Meow牌食品，以控制毛球的配方干粮作主食，的确有助他的消化。厨房也可备几盒Meow牌罐头，那是极能得他欢喜的赞赏；一盒分三次给，免得他日后刁馋。

刚来时，他的作息与我极不同，黎明前的黑夜，他就一心想吃饭。我睡朦胧，不依他，他便吵我、骂我、闹我、弄我，还打翻一切能翻掉的花盆、水杯。现在，他的饮食大致是这样：早餐一顿，晚餐一顿，午夜我睡前又给一顿。每顿约手一把。我甚为节制他的饮食，因怕他胖，胖不好看。

正如你知道，控制体重最有效的方法，就是运动。捉迷藏是最经典古老的把戏。常是你藏他捉；他捉出你形迹，你惊慌逃窜。他倾力追捕扑杀，拍击你的小腿，意即你阵亡了，一点不怜悯。不一定要花钱买玩具，街上捡一根羽毛，系上绳子，拖在地上走，他也追捕。有时候，干脆把羽毛绳绕他颈背上，绑个蝴蝶结，他挣脱跳跃，前突后冲，也能达到娱乐和耗去肥油的效果。

书上说，一天至少要玩十五分钟；我不是天天能尽到责任，但已尽力。相信这对童心未泯的你，以及你那八岁、六岁和四岁的儿女，一定不难达到。也相信，有他做玩伴，你们一定不无聊；你想，他天生具有那样复杂的个性。

窥探激起他的警戒心，猜疑带给他想象力，挑衅点燃他的战斗意志，征服弱小活物满足他的自尊心，以及远古血液里的渴望。是啊，他来自草原，又富心机，像《怪物史莱克》（Shrek）里的帕斯（Puss）。他轻狂不羁，他无法无天，他吃喝玩乐，他游戏人间，他自私自利，他作威作福，他贫贱能移，他富贵能淫，他威武能屈，然而啊，他体态万千，娇柔多媚，钻入你的心窝！

夜幕四合，案前一盏灯，足以照及这间套房。

他吃鲑鱼香虾，我吃牛尾汤面包。饭后他洗身体，我刷牙洗脸。没有《美国偶像》（American Idol）节目，就看DVD吧；没有DVD，就上网看新闻，或写信、写日记吧。

天籁、地籁、人籁阒静，我专注电脑屏幕的图文，或手下敲击的文字。他梳洗完，舒坦地卧伏于地，或大刺刺朝天仰卧，自得怡然。这是我们的默契；他是他的，我是我的，感情这种事不必非要套进框框。

夜深一点，他卧够了，我写久了，他便跳到案上来，身子踞坐着，使两双眼睛面对面，然后问我说，你在干什么？或说，想不想做运动了呢？我说等一下。稍后，他又来问我，绿幽幽的目光变得严肃，说，我的确觉得应该做运动了！有时改变话题，他来说，想吃些点心了，我的确很想吃点心了！

这时，我放下手边工作，斜靠椅背，手抱垫枕，细细看他、观赏他、欣赏他，像那青年人眼里充满笑，脸上尽是骄傲和快乐。

我多么感激你愿意及时收养他！

C城的朋友，无论是说汉语的、英语的、西班牙语的，都无能再接纳新成员到家中，唯你是毫不犹豫就答应的。顿时，我心下松一口气，可以放心走了。我这一去，少则一年，多则二三年，也可能不回来。我有一种托孤的心理，全仰赖你了。

初至你家，他会先寻隐蔽处，好生观察你们。不着急，待他确认安全后，你以美食唤他，他会渐渐亲近你。除了他每日所落的毛发，给你们增添家务清理外，我最担心的，莫过于他未去爪子的两手。一来我的经济能力有限，二来他已失去睾丸，遂不忍心再叫他拔骨似的撤去爪子。这个决定不知对或不对？

是啊，遇有不顺心事，他撕抓沙发，他打翻可打翻的，他无故来瞪你一眼，咬你一口，抓你一下（他每年打疫苗，你伤痕上涂点药膏即可）。能想象，你们与他之间的适应期，将因这爪子而有些惧怕；尤其是孩子们。孩子们与他玩得过激了，不小心，也会被抓破皮，甚或流血。但玩归玩，不顺心归不顺心，游戏时伤了你，他会歉疚地转身低头，明白地说对不起。

趁他睡着时，我不定时用指甲剪，剪去他的锐爪，使它变得平钝。他真不讲理，来和我吵架时，我会拿起垫枕，很认真地抵挡他。有时候，他要求太过，不肯退让，我就随手拿起胡椒瓶、薰衣草沐浴盐罐或抹痘子的茶油条瓶，香他一下，他即如被下巫咒般，逃之夭夭。

谁家不吵架？感情依旧。凯莉从不记恨，不与我犯分际，转眼亲亲如昔，这点不太像他的天性，却可喜可爱。

午夜，他已收拾浪子冶游的心，安于家室。

他陪我在床前读一会儿书，总问我，那个那么好看吗？我放下书，告诉他，不，你比较好看。他打个哈欠，说，别哄我。我笑。熄灯后，月光漏进来，我盖了被子，他也来同寝。不知是否我有口臭，他坚持睡床尾。

我用脚碰他一下，可以抱你一块睡吗？

他说，不要，每次你都抱那么紧。

这次抱松一点。

不要。

那靠你的背躺一下好吗？

好吧。

你身上好温暖哦。

嗯，手别乱摸！

一辈子到我们老死，都这样一起睡好吗？

真的吗？

嗯。

月有阴晴圆缺。

古诗有云：

长相思兮长相忆，短相思兮无穷极，
早知如此绊人心，何如当初不相识。

我们唱的诗中也有一段：

亡人怎不想见生长的乡邑？
俘虏怎不想见故国故人？
情人分离怎不一心羁两地？
儿女远游怎不思家思亲？

我对凯莉，不也是这般心境吗？

上次我带他到乡间度假，五十分钟车程，一路上他哀哀低鸣，“喵呜，喵呜……”句句摧人心肠。我一面开车，一面喊他“Carrie，Carrie……”一面又想起将要到来的别离。从我的L城到你的A城，从伊利湖到密歇根湖，约两个半小时；念去去、千里烟波，这路上我将与他说什么呢？我这负心人！

随他的粮食、餐盒、猫砂盆、玩具等外，我也买了一部DVD《红气球》给你们。这是一部只有三十四分钟的短片，几乎没有对白，全靠动作和场景来说故事。小男孩上学途中，发现灯杆上缠住一颗红气球，将它解救下来，带到学校，又带回家。祖母不许，放气球到窗外，气球回到小男孩窗前，徘徊不去。

小男孩上街，红气球精灵般亦步亦趋跟着，玩捉迷藏，逛跳蚤市场，与小女孩的蓝气球搭讪……战后住蒙马特的顽童，群集以抢气球为乐；小男孩在巷弄中躲跑，危急时放气球升逸，脱身后再唤回来。原本孤单的小男孩，和活泼淘气的红气球，建立起坚定的友谊。片中有些趣味处，结局更是超现实；当红气球奔波疲乏而遭顽童击落并踩破后，全巴黎五颜六色、缤纷明亮的气球，顿时从各角落飞来安慰小男孩，再载着他冉冉上升，越过巴黎的街道和屋顶，飘向无垠的天空。影片停格在此。

真爱无价，友情亦天久地长。

吉米啊，我们相识八年，容我恳请你，像爱你的孩子那样爱他吧！不论他做错什么事，或抓伤什么人，请你和你聪慧的妻子，在爱心里包容他，也继续接纳他。不必想我两年后，或者一年后回来。即使回来，我也盼望你们爱他，爱到不能、不肯、不愿意还我。好不好？

送猫人　谨上

冯平

台湾作家。

毒药

杨邦尼 / 文

“这给谁治病的呀？”老栓也似乎听得有人问他，但他并不答应；他的精神，现在只在一个包上，仿佛抱着一个十世单传的婴儿，别的事情，都已置之度外了。

——鲁迅《药》

一　毒

病毒如星云爆破，血液里光速流窜，首次病毒检测载量，82108。

我已经忘了多少次进出医院，私密的，偷偷的，透光就会死，生怕被熟悉的人撞见，嗯，你来医院呐，看病吗，拿药啃，什么病啊。不，我学荒人和女巫，我们是不结伴的旅行者，一个人。即使撞个正面，当是隐形的。

不要张扬，亲爱的，别说。

苏珊·桑塔格揭露疾病的隐喻，它经常是一种秘密，不是对病患而言。癌症确诊总是被家人隐瞒着病人。然而，病情确诊后，至少是病人隐匿着家人。直到纸包裹不住火，一次意外的走火，烧起来，你想方设法以各种名目病症堵塞之，化名之，最常见的遁词，感冒，细菌感染，积劳，压力，医生交代静养，休息。我背转过身，不看，不听，不闻，病毒隐身术，了无察觉，它在体内滋长，漫漶。

事隔多年，直到有一天，我例行每三个月验血，四个月复诊，结果显示病毒载量无法检测，我才张大眼瞳定睛直视病毒模样，像把玩一尾在身上缠绕的蛇，或剧毒黑蝎子，绿眼蜥蜴，我和它们竟相安无事共处一身，相忘于江湖。

惠施诘问庄子何以知鱼快不快乐，纠缠在话语打结处，庄子回以，请循其本。是啊，我纠结在病毒，百口莫知所辩，不知何时进入体内，请循病毒之本。

全名Human Immunodeficiency Virus，人类免疫缺陷病毒。如果病毒持续蔓延，突变成Acquired Immunodeficiency Syndrome，后天免疫缺陷综合征。你看它在体内滋长，充满智慧，狡黠如狐，如狸，它隐藏，它变异，它依附在T细胞内迅速复制，恒河沙数。毒和T细胞共舞，T细胞亦即CD4，CD4数量愈高，免疫系统对抗传染病的能力愈强，反之，愈弱。病毒表面上的旋钮和T细胞外层的受体相同，像乘滑梯溜进T细胞内自我繁殖，蛹在蛰伏，一旦成熟旋即离开T细胞，以攻击更多其他T细胞，循环往复。

CD4低于二百，开始服药，药盒子上猩红色的标记，这是毒药。每晚睡前一颗淡黄毒药，每一粒胶囊内含六百毫克的依法韦仑，你读它的医药学名佶屈聱牙的上古经文，非核苷类逆转录酶抑制剂，由不同药方调配而成，高效抗逆转录病毒治疗，白话文就是美国华裔医生何大一于一九九六年研发的鸡尾酒疗法，哦，好妖娆的文字药。病毒在复制过程中，依法韦仑向病毒发出误导的指令，使其脆弱甚至崩溃。病毒不死，它只在保持低调，暂时不出没，寻找避难所，它打的是森林游击战，它潜入地窖，洞窟，伺机等候免疫系统的漏洞就绝地反攻，狡兔何止三窟。

我试着追溯毒是什么时候入侵体内的，随风潜入夜，润物细无声那样。比如某一个燥热失眠的夜晚，游晃公园，三温暖，一群觅食的蝙蝠，视觉退化成虫蚁，凭嗅觉，触觉，我们的燃点极低，低到最下体，半尺软肉棒的催发，一经碰触就燎起大火不可收拾，比如一只夜蛾趋向火烛，玉石俱焚，不惜美丽羽翅，我燃烧，故我在。可是，过尽千帆，赤裸肉身，我怎么不记得是何人面目，溶镜模糊，淡出视线。

我放弃追踪，回过头，看前方，我得活得够久，够长，写下毒和药交媾和解的奋战历史。

病毒载量，显示血液中的病毒含量，病毒载量高，CD4细胞下降，免疫系统削弱。耳轰鸣，易疲倦，脸燥热，高烧，送入院，我早有心理准备，这是前兆，可是怎样都必须伪装其他病名，“酷儿先驱”王尔德引述他的爱人同志阿尔弗莱德·道格拉斯的诗，爱，不能说出它的名字。我躲进爱的羽翼下，仅有好友H知道。

我剖视病毒在眼前，放大瞳孔张望，虽然血液中的病毒无以侦测，我走进去端详，亵玩，抚摸，你仔细瞧，病毒直径一百二十纳米，呈球形，外膜是磷脂双分子层，嵌有跨膜蛋白，向内形成球形基质和半锥形衣壳，衣壳在电镜下呈高电子密度，内含RHA基因组，酶（逆转录酶、整合酶、蛋白酶）以及宿主细胞。

我看得双眼落英缤纷如繁花异草魔幻世界，目眩神迷，我沉醉，我必须入睡。

二　药

时间到，我服药。

开始吃药的第一天，从此生命起了变化。决绝的欲死，死亡驱力在紧急追赶，和你开个玩笑，约在撒尔马干会面，我认真想过赴约。

赐死的毒，活命的药。

药在吞吃后十五分钟迅速在体内发酵。先是双手麻痹，冻僵，然后蔓延背脊，头颅，全身，亿万只蝼蚁匍匐潜进，啃食，啮吮经年累积的沉疴，坏疽。我蜷缩在床，轻关门，窗外雨霏霏尖针坠下，医生三言两语早早交代，药效有副作用，立竿见影，我当时只应声，噢，嗯，没想到它来得这么快，迅雷不及掩耳。

毒与药在体内正式掀开战幕，肉身是广袤战场，那在蜗牛角上征战的蛮触两国，血流成河。

我隐忍着痛，时间浓稠似铁浆缓慢前行万年冰河在徐徐蠕动。冷风自毛细孔溢出，起身拉开衣柜找衣物蔽寒，雨沾满窗玻璃，内外交攻。这里是长年炎夏半岛，我怎可冻死在自家床上太荒唐，我起来走动，驱逐寒意，脸色纯白如冰人一具，没有回温的症状，我软塌在床，像一只地鼠掘地冬眠度过寒冬，能往身上盖的全盖上，只剩下两个黑乎乎的鼻洞通外界的氧气进来。

我下楼，免得父母叨念我怎么迟迟不下来吃晚餐，脱下长棉衫，我不想老母问不舒服吗看医生了吗。盛饭，吃不到两口，难下咽，糊弄几下，把剩饭菜倒掉，毁尸灭迹，匆匆洗了碗筷，径自上楼，掩门。

第一个念头，死。毒药在拔河，我是那横陈两头的绳索，骨肉在剧痛，撕肝裂肺。雨在下，冒雨骑车从路桥跃下，或者草率写下几行遗言痛不欲生原谅我，用枕头捂住窒息歹命一条。一念三千，万千粉尘世界纷至沓来占据眼膜视网，合不上，没法睡，意识清醒，冷入心扉，骨椎痛，痛入心椎，心底的最深处，不知多低的幽谷，无光的所在。

药毒在魔军作战，喊杀，旗鼓相当，振聋发聩。

打电话求救，像困绝孤岛当时手机尚留一息电量，收到可以拨通的微弱讯号，那是天使羽翼上反射出的亮光，我不能就此了断，尚有生机一段。

电话接通，H一路陪我走来，从患上感冒几乎丢了命进院入加护病房，我以为病毒已攻克身体一命呜呼，我们用手机传递病情，嘱我顺着情势走，别怕。H知道那个不能说的秘密。他听我说，喃喃咒语，痛就会减少一点，忘掉一些。我昏沉中想说一死百了，H回我，好不容易才跨踏出千斤第一步，吃了第一口药，怎么未战先降败。我无以应答，自惭形秽，窝囊没用。

H和我一起到诊所验血，等报告，等待结果的时间绵长，长如昼日，日头不落山。确定无误，安排到医院看门诊，再到特别门诊，层层关关，叠叠折折，从普通医生转到传染科医生，一个部门换一个部门，守了大半日，迂回为了进入。终于见了主治医生，开出药方一长串，拿号码等领药，到指定西药店买管制不得见光的药。

服下第一口药，一夜漫长，长得黎明永远不会到，缓缓步下地狱门，余悸，心慌。诗说，黑夜给了我黑色的眼睛，我用它来寻找光明。我在絮絮和H说着吃了药很难受中，睡着。太阳没有出来，一片乌蓝的天。

书写的时候，药效在隐隐发酵，天旋地转，我赶紧裹身上床。

然而，在以后许多个夜里最难熬的药效反应是纠缠不去千丝万缕醒不来的梦，梦浮浅在岸边，沉不下海，游不上岸，那是毒和药最难将意的时刻。

三　毒药

耻辱的刻印，逃逸的文本。书写是回归那个我们未曾经历之处的举动，创伤的肉体，惶恐的兽，一个比远更远的迁移，奋力地远走，直到不敢向前。停在那里，等待毒药和解共生。

在用药多年以后，我才敢惶惶翻阅药剂上的英文说明单，打开的潘多拉黑盒子，密密麻麻，英文魔法，逐字逐句，看药效，挖掘出土的作战图谱，读着的时候仍在微微颤动，我看懂了，我一一经历过的，神经系统症状，最常见的会失眠，嗜睡，注意力不集中，噩梦连连，副作用摧枯拉朽排山倒海，很多英文单词不认得，逐一翻查字典，皮疹，晕眩，作呕，头痛，疲倦，过敏反应，失调，混淆，麻木，肝炎，焦虑，沮丧，胡思乱想，激动，谵语，狂喜，情绪波动，迷醉，幻象，精神异常，神经衰弱，偏执，惊厥，瘙痒症，腹痛，视线模糊，光变应性反应，皮肤炎，胰腺炎，自杀倾向，我读不下去，站起来，呼口阳气。

我端详病毒生态，研发的解药在追逐病毒如何机灵狡猾地演进，易言之，毒在抗药。你看它的中文译名，百转千回，如饶舌口令，维乐命，施多宁，双汰滋，赛瑞特，佳息患，立妥威，硬胶囊的沙奎那维。

谨记每天必按时用药，是毒是药，两造为敌为友。早上十一点，吃药成了密教仪式，动作快，免得被人发现，你吃什么，药吗，生病了啊。掰开白色药粒，一口水，顺着水流入喉，到胃。夜里十一点，迷幻的钟点，我吃的是，你听这名字多诗意，施多宁。一点都不宁，快则一小时，慢则两小时，药和毒又在绞绕，昏眩，地球在极速运转。黑夜，一切不可见者，便可见。

开始服药即终身吃药，穿上一双红色芭蕾舞鞋，停不下来，直到不能再旋转。医生护士好心提醒一定得每天按时服药，噢，药与毒结下终生不悔的契约，直到终死的那天。病毒在血液中少于每毫升五十复制体，你知道毒和药处于休兵状态，签下和平框架。我要有一整套休养生息败部复活的计划，遵守，实践，贯彻。

每天固定时间，失之毫厘谬以千里，不能闪失。毒很聪颖，它计算你吃药的时间，错过防守，病毒趁隙而动。把药分别存放在定时要去的地方，办公室，房间，无论到何处随身携带轻便隐身墨绿小药盒，出外旅行注意用药时差，在手机闹钟设定计时讯号，提醒服药。我吃药越久，就越步步追踪病毒行迹，毒和药成孪生体，从此形影不离。

后来，我恍惚怔忡，毒和药的区别在哪里，它们相知相守，敌友不分，你依我侬，和以天倪。

背着光，背着众人私下交往，磨合，直到毒消隐在体内无所有之乡，长相守望，我一天一天把身体锻炼，游泳，散步，举哑铃，伏地挺身，仰卧起坐，若隐若现的六块腹肌，不饮酒，不熬夜，一副姣好体魄，如获重生，新造的人。

我不孤单，毒药在体内，执我之手，与我偕老。

杨邦尼

马来西亚作家。

生生不息

张辉诚 / 文

说来惭愧，三十五岁之前，我压根没想过要生小孩，只想当个快乐双薪无孩的丁克族（DINK，Double Income No Kids），妻也深表赞成。因为生养小孩会让身材走样变形不说，有了累赘，寒暑假就不能随心所欲去那些旅人罕至之处，如阿根廷秘鲁墨西哥，如埃及南非肯尼亚，如黎巴嫩约旦叙利亚，如挪威丹麦瑞典。我和妻从大学毕业之后，一路玩了十几年，觉得岁月静好，人生圆满，丁克绝佳。

但每过这种好日子一年，压力就逐年靠近，渐渐浮现台面，先是岳父母有意无意提到玩了好几年也该玩够了，应该添个小孩了吧；或者干脆在抱亲友或邻居幼孩时，流露出无比羡慕的表情，那里头好像隐藏着“要是也有一个亲孙子该有多好”的深切期待，我和妻每每都要刻意视而不见这种强烈温情攻势。我阿母面对我没有小孩这件事就从来没有这么间接而委婉，老人家开门见山就说："啊你是未生喔！"（生不出来吗？）

这样坚守丁克屹立不摇多年，没想到学生父母也来掺一脚。每回家长座谈会结束后，聊天必问老师结婚了吗？（如果没有，想必要帮我介绍一个。）回答结婚了，必接着问已经有几个小孩了啊。答以没有，则家长必流露出惊讶表情，继而多加鼓励，赶紧生一个才好；若简洁明白答以不想生，则家长必以微言大义训勉："啊，你们夫妻那么优秀，应该多生才对，你们不生，社会怎么进步呢。"（可见不生亏负社会多矣）；有的则讲得更露骨："啊你们夫妻'种'那么好，不生可惜！"（我都不晓得自己的"种"好不好哩）；有的则以自身经验说以前也不想生，结果现在后悔不已，或者只生了一个，后悔太少了，应该生四个的，全是前车之鉴，真挚诚恳而感人，但是言者谆谆，我这个听者仍是渺渺。只没想到"敌阵"全面扩大，就连校长、同事也来传播福音，并且语带威胁，说少子化时代来了，连你自己都不生，当心学校以后招不到学生，大家都别当老师了。

不生小孩，居然成了全民"公敌"。

同校有一学长同事也是丁克族，他面对弥天漫地的"催生"压力，只语重心长地说了个理由："大环境不适合小孩生长！"这句话讲得真好，不生小孩可不是我的问题，而是整体社会问题，甚至是生存问题，一句话足以抵挡千军万马，让我如获至宝，日后我还推而广之，人若问我何以不生？我便回答："地球正在暖化哩！”别人一听，不接话也不劝生了，我还因此得意扬扬好一阵子，后来仔细一想，人家可能以为我脑筋坏掉了吧，人家说要生小孩，我居然莫名其妙杞人忧“天”！但是学长这句话没派上用场几年，因为说“大环境不适合小孩生长”的他，不久居然生了个小女娃，每天喜上眉梢笑哈哈，对换尿布奶小孩等琐事乐此不疲，还说出“从没想过小孩子连屁股都这么可爱”如此深情的话来，我的“暖化论”基础当然不攻自破，从此再不敢以之说嘴了。

同事中还有一种是想生却生不出来，用尽各种办法，又是检查，又是打排卵针，又是子宫整形，又是做试管婴儿，又是小产，受尽磨难，无论如何就是要有一个小孩，我对他们充满敬意，为了一个新生命，父母尝尽苦头，矢志无悔。虽然我们都没有小孩，他们是情不得已，我却是自私的。我侧身其间，惶恐异常。

三十五岁前，我看小孩，完全没有感觉，说白些是一点儿兴趣都没有。大三那年，大姐两个女儿回老家玩，我当时正在点读十大册李孝定《甲骨文字集释》，好让自己看起来更像资优生，但外甥女显然不这么想，她们对一旁陪我顺便看童话书的兴致不高，大外甥女于是提议：“舅舅，我们来玩假装睡觉，好不好？”小外甥女一旁应和，我不好坏孩童兴头，便和她们玩将起来。等我躺在床上，行将入眠之际，两外甥女已经站在床下喊：“舅，你怎么还在睡？我们要玩躲猫猫了！”接着不用说，想必大家也知道，躲完猫猫，还得玩假装哭哭、假装读书、假装昏倒……我整天想着点读甲骨文，却一直被折腾着玩各种游戏，分身乏术。这件事让我领悟到一个宝贵道理，小孩啥都认真，啥都精力无穷，大人就算逢场作戏假装认真也要累得半死。从此我对小孩便敬而远之，因为道不同，难以相为谋。

但三十五岁之后，内心忽然有些东西产生变化，从前看到小婴儿是一点感觉都没有，甚至觉得烦扰，现在却一反故态，越看越可爱，越看越有趣，甚至想把小婴儿抱过来、贴在胸前、逗他笑、亲几口，甚至摇入睡，这在之前是完全不曾有的经验，但现在却越来越强烈，我心里想，也许是应该有个小孩了——因为潜藏心中的父性渐渐流露出来了。

我们家噜噜出生时，我刚好三十六岁。

噜噜出生后，我深切体会到，一个小孩之于家庭的价值，一言以蔽之，就是“小孩让家庭有了光”。要知道夫妻两人外加双方父母，年龄增长犹如下坡车，家庭便渐渐袭染一层薄薄蒙蒙荫翳，渐渐就如黄昏透入窗内的余晖，一个个狡猾的“漆黑”身影顺道就蹑手蹑脚想要染指屋内所有空间；但是有了小孩，如同有了一道灿烂金光，满照屋内，一切渐次灰败角落全都再次散发奇异辉光，并且所有人逐渐憔悴的脸庞，皱纹的、黯淡的、病容的、饱经风霜的、白发苍苍的，全都因为小孩儿的童颜笑容光芒的照射，竟如久旱逢甘霖一般全都有了生气，有了活力，有了精神。然后所有人都绕着孩子笑而笑，绕着孩子哭而惜，绕着孩子翻身而转头，绕着孩子爬行而倒走……——犹如植物朝着太阳仰转。于是，小孩让所有大人都害起热烈相思，全部再一次坠入久违的情人相思深网。噜噜在台北时，住在高雄的外公外婆害着相思；噜噜回高雄时，台北阿嬷、姑婆又害相思。好不容易，终得一见，便要又亲又抱，又搂又贴脸，以解相思。

当然，生养小孩，固然艰辛，固然要付出许多代价（据说培养一个小孩长大成才要花费数百万到数千万不等），固然常感叹"孩子睡觉时如天使，醒来后却如魔鬼"（业师赖贵三先生更有新鲜妙喻："孩子出门时都像哈利·波特，回家后马上变成马尔福。"），固然必须时时牵挂惊忧喜惧一辈子……但我以为，家庭有了一道光，温暖、希望和信心同时出现，这一切其实值得。

我自有了小孩，有两事印象颇深刻：第一，别人不再把你当小孩，因为已经是爸爸。第二，很多人会跟你传授育儿经，滔滔不绝，热情四射，犹如教授上课或神父传经；更多人转送用过的婴儿车、床、衣裤、玩具，犹如武林神器法宝慨然相赠（就说别人睡过的床较好眠、穿别人穿过的衣服较好带云云）。这两件事情，是进入父母帮派公开的印信，从此派入爸爸帮，爸爸帮负责洗涤、接送、陪玩……名言是鲁迅的"横眉冷对千夫指，俯首甘为孺子牛"，爸爸能屈能伸，韧性绝佳。

近日报载有关部门为鼓励生育，特举办口号征选，获百万首奖的口号是“孩子，是我们最好的传家宝”。但讽刺的是，造出口号的女得主接受访问时却说，她以后也不想生小孩（其实她应该身体力行，生下十个传家宝以杜人口实）。这就颇令人沮丧了。我自己以前也是“不生主义”的信仰者，但后来有了小孩，惊觉过往愚蠢至极，遂赶紧推着自家小孩四处招摇，四处宣扬生小孩福音。我的学生黄宛玲，今年刚订婚，打电话跟我报告，并且补充说：“老师我不是先上车后补票喔，会隔一年后才结婚喔。”她万万没想到，我是这样回答的：“先上车有什么关系？有小孩多好啊！老师以前愚蠢说不生，老师错了，赶紧生！赶紧生！”

从此之后，我竟然成了“催生婆”。从小到大熟悉的蒋先生拗口格言“生命的意义，在创造宇宙继起之生命；生活的目的，在增进人类全体之生活”。或者我素所景仰的祐生研究基金会林俊兴董事长的九字箴言“求生存、谋生计、延生命”，都比催生口号得奖作品意涵深刻几万倍，但口号终归口号，远不及实际去生，一旦生了，口号才能成就意义，创造出价值。

所以这是一篇“劝生文”，不是口号文章，因为咱家可是亲身为之，生下一个可爱小孩，张噜噜哩。

张辉诚

台湾师大文学博士，文学作家。
教学成就曾获台湾教育行政主管部门教学卓越奖金质奖，
提倡“学思达教学法”，是台湾教育圈“随时开放教室”第一人。

生死簿

黄克全 / 文

不知道为什么，每逢心里头读诗人那句“蕾一样禁锢着花”，便不由自主联想到夭折和凋谢；联想到发生在父母亲及我自己身上的、那一次次亲人的逝去。

我来到自认活得像蛞蝓爬过、留下一道道黏液的年纪。长寿者究竟幸或不幸？那要看你用的是什么眼光，用横空掠过的走云般的理性是幸运，用蚁啃虫蚀、千疮百孔的蝶翼的感情是不幸。如今，幸和不幸都像十二月之夜的潮水，寸寸沁透肌骨。双脚挺立在深湛大海无垠的边缘，我一动也不动，无分悲哀和欢喜的涛声淹漫上我眉窟。

在户籍登记里，我身为长子，其实之前还有个未及谋面的哥哥。约莫自己读高中那年，我初次从母亲口中耳闻了关于哥哥的死。隔巷邻居有个和哥哥年龄相当的女婴染重病，已病在旦夕，但她祖父用两条金子请来一外乡人开坛作法。当夜，巷子里阴风乍起，狗吠声不断，天亮后，原本安睡家中、好端端的哥哥，突然发高烧，等不及檐前曙光，便咽下最后一口气。隔天，只见隔壁女婴已在其自家外天井玩耍。得知是邻居施咒作法“抓交替”，母亲在他们家大门口哭骂，从此两家断绝了往来。

这是我们家过早夭折的第一片花瓣或是叶箨。在一阵疾疾狂风中，猝不及防地，从母株给硬生生扯离。

和我缘生随即又缘灭的，还有一个妹妹。仿佛是在自己犹懵懂的童龀之年，仿佛母亲有了身孕，奇怪的是，经过好长一阵子，家里并没有多添个新脸孔。我躺在碧绿色天光包围的床铺，床围木板有很多隙缝，出自母亲或谁嘴里的话，从隙缝忽明忽暗进入我耳朵。我拼凑出几个宛如可以并存的事件图案：其一是母亲产下个女婴，刚出生没多久就夭折了；其二是我这个妹妹剪下脐带后，大人一见是个女的，不想留，没等接生婆踏出门槛，谁就一咬牙，把她溺死在尿桶……分明彼此不能并存的这两种可能性，却同时安放在我记忆里，二者同样的虚假与真实。

不久母亲即将失去他们在世之缘的另一个儿子。某个清晨，染了癞痢头的幼弟蹲在床铺上，屙了一堆大便。我顺手在他头上敲了一记，惹得他顿时放声大哭，我一摸他额头，烫得出奇，赶紧跑去通知母亲。母亲背着弟弟到沙尾街上诊所，医生不敢收，再转送尚义军医院，但他就此再也没有回到家。

他死的那年我读初中一年级。直到上了高中不久吧，我才第一次去到他埋身的墓地。那该是个周末下午，我循着墓碑人名一个个寻找，最后，在墓园最左侧，专供无主孤魂及早夭婴孩的角落，见到了癞痢头弟弟。那里的坟墓如乱葬岗，大小、规模都不依形制。我蹲在微微隆起的坟前，想象一个才五岁的孩子，怎么只身仰躺在地底。他的容貌还是栩栩如生，鼓着乍看像是在生气的、红扑扑的脸颊。一只斑鸠咕咕咕的叫声惊醒了我。我无端由地害怕了起来。

癞痢头弟弟在世的最后一天，还有几个生前的他不知道的插曲。凭着为母者的天赋本能，母亲惊觉到她的幼子来到一处凶险关卡。父亲和大姐在医院守着和死神拔河的弟弟，六神无主的母亲去村尾“观三姑”（观落阴），回到家，她忧心忡忡地告诉我，三姑说弟弟的三魂六魄已去了一半，但只要能熬过今天午夜，就能重返阳间。

隔天我仍然到校上课，放学时我到街上买了枚蓝色塑胶冷冻冰球。我坐在花岗石大门门槛，握着要送给从医院回来的弟弟的小冰球，不停往路的另一头张望。但直到冰球融化成水球，仍然不见弟弟身影。我本来要把化了冰的冰球扔掉的，但我却没有扔。我解开绑了的结，仰着脖子把冰水一口喝掉。即使那时我还只是个懵懂不更事的少年，但依然察觉到作为一个生者如何不顾死者的残酷忍情。我为弟弟悲哀，也为自己的那份忍情感到悲哀及骇异。

再怎么也料想不到的是，相隔二十四年后，我又不由自主把生死者间的残忍及悲哀重演一遍。当然，这次我的角色仍然是生者，而死者是跟我结发十六年的妻子。

当医生束手，宣告医术已无能为力，我对罹癌并发脑膜炎的妻说："我们回家吧！"我用近乎欢喜的速度，办出院手续、借轮椅、买居家照顾的医疗用品，把妻抱上车，驱车回家。再过五六个钟头，妻就要步上一条对生者而言神秘无比的旅程。但她显然预知到了，在回家路上，她沿途轻轻抚摸着我的手。这当下，佛教说对了，生者聚集了混浊无明，而死者却一步步脱卸、廓清沾黏在血骨的苦浊。难怪妻轻轻舒叹了口气，唇角升起一朵微笑。我不知道可不可以这样说，这时候生死者优势的主客易位了？不断抚摸着我的手的妻，是在怜悯着无明无知、执苦的我吧？

这些日子里，我常默念想必是妻的旨意的、妻临去时脸容的那份优雅，及刹那间的美艳不可方物，我让此景和自己在记忆里一再互相凝视着。当时，安躺在床上的妻，一口气只出不进，狐疑间，我蓦地惊觉到她要走了。

可是她这时怎么能这么美呢？简直比张灯结彩下的新娘子还要美。红润的双颊如雨后的天边霞辉，眉眼如初升的月牙，唇角抛露出一汪水漾般的笑。那抹微笑使我安心，但渐渐难免又使我陷入更大的好奇。我常对着虚空的妻说，你可不可以托个梦给我呢？几回我果然在梦境中和妻相遇了。但她都一概不言不语，只是温蔼地瞅着我。不久我便明白那份沉默的意思，就像先前妻唇角那朵无言的微笑般的。

妻走后不到半年，正值壮年的大弟得猛爆性肝炎，临终前，由台北荣总搭德安航空直升机送回金门。原来就窄仄的机舱，加上病床、氧气筒等急救医疗设备。随机护士和我几乎紧贴着大弟。据说临终者会以全景环顾自己的一生，死亡竟是个绝佳的机会，我几乎要羡慕起即将死去的大弟了。可是，该为自己拥有这个机会而庆幸欢喜的大弟，眼角却有了濡湿泪光。莫非，他也像他大嫂那样，在怜悯着我吗？

遭逢一连串丧失至亲打击的母亲，时而会哀叹并掉下几滴眼泪。那大半是社会性的哀叹及眼泪，不能太当真。不久将有成群儿孙辈列队迎接着她，亲人先我们而死，总也会有好处的。我这样告诉母亲，但用的却是无声的话语。

往后，我还会持续到何时，常回头去想着那一张张临终前亲人的脸呢？那一张张脸庞，是一页页奥窔啊！其奥窔处是在切断时间的同时，又展现了时间。我该怎样反复凝视，直到悲欣交集成为非悲非喜呢？

妻过世的第五年，偶然间遇到一个通灵人。两人相对而坐时，他让我看他手臂上的毛细孔一一竖起。他告诉我妻子正在我身旁，我讲了句什么，她笑了开来，说要我记得之前对她许下的承诺。知道妻子还跟在身边，令我喜忧参半。我明白，必须妻成了我自己，我成了妻，她才会消失。

如今看来，妻还是妻，我还是我；生还是生，死还是死。经历了那么多亲人的死的教导，自己为什么不能如死般透明地活着呢？为什么不能如清晨马樱丹花瓣上的露珠，那样晶莹剔透，灼灼闪亮着光呢？

夜里，遥远得失去空间感的天边，打起了响雷，梦因此被截割成片段。在当中某一个片段的梦里，成群人迎上前来。我赫然发现，他们都是我的兄弟姐妹呀！其中还有妻，还有素未谋面的大哥——我从来没见过他，但见到他的脸，却立刻认出了他，而且亲切得很。

我便蓦地恍悟到，梦境是颗巨大的露珠。在梦境里，构成生之混浊无明之网罟的一切，顿时消弭于无形。

蕾为什么禁锢着花？或者竟是花禁锢着蕾？花和蕾怎么各自对寓映照着生和死？禁锢本身意味着死，而实际上，或竟根本没有禁锢，也没有死。我忘了谁说过，时间是永恒的馈赠，意即永恒允许我们拥有一切，这一切包含人世所有时刻：痛苦、不幸，甚至死亡，都收纳其中，并无差别。

癞痢头弟弟南瓜般巨大的头颅，微微上仰、带着静静的哀伤的黑眼珠，大弟眼睑噙濡的泪滴，还有妻貌美如霞彩的脸庞，梦醒后，依然熠熠在眼前燃烧。生死莫非只是一场演示，而演示只为那些浑浊无明者而有，寂明者并不需要。妻在前方将会有一次笑盈盈地说，别让悲伤和恐惧禁锢了你。我盯着自己臂腕上的汗毛，没有根根竖起。在那当下，妻将成了我，我也将成了妻。

梦境最后一句雷电击响，我睁眼，看见了自己。我看见自己被一颗更巨大、更辉明的露珠包围。

我静静等待，带着终究要到来的欢喜。

黄克全

笔名黄启、金沙寒，金门人，作家。

想去远方

郑丽卿 / 文

星期天的早晨，她总是耳朵先醒来。起初是外籍看护阿丽在浴室将水龙头打开，以最强的水力冲刷地板，溅起瀑布般的水声。刺耳的电话铃铃铃闹起来，听说是朋友王君一家人要来访。脑袋已经被吵醒了，身体却百般不愿意挪动一下。

忽然，抽痰机响起的轰隆隆中伴着老人凄厉的咳痰声，接着是啪啦啪啦有节奏的拍背声，床再赖下去，连她自己都要脸红了。

桌上堆压着从办公室带回未看完的稿子，她一边胡乱地加衣服，一边把电脑插座接上，就开机吧，或许用得上。

一手拿早餐，一手按鼠标，快快浏览信箱，把需要用的文档调出来。哎呀，怎么还停在五六百字的程度，这个文档开开关关也不知道多少回了。

她想：不行，在客人到来之前，得先去一趟市场。于是五花肉、鸡胸肉、排骨、一条鱼、菜花、甘蓝菜、几把青菜，菜篮车已经重得拖不动了。

拖着星期天才有的懒散脚步回到房间，阳光斜铺在书桌上，充满诱惑，一直吸引着她走过去坐下来。电脑在待机状态，荧幕一片乌暗，就如同她脑海里一片的空白。她努力着要把思维从生猛的市场和鱼肉蔬果的印象中拉回到冷静的文字领域，嗯，再用冷水洗把脸。

“叮～咚～”客人来了。

一阵猛烈的咳痰。啪啦啪啦拍背声。

王君先探望病中的老人，询问了近况，这个探问也透露着些许不安，因为他也正面临父母老病的问题。同时，他们也都到了该规划退休生活的年纪了。小孩在沙发上扭来转去，大人的问题对他们而言太遥远，小孩是燕子窝里的雏鸟，只管张嘴，只管闹。工作的疲累深刻写在彼此脸上，他们不再像学生时代一样谈论果戈理、托尔斯泰，现在惨淡的心情却像陀思妥耶夫斯基小说中的小人物，这时节大家只能互吐苦水，相濡以沫，有人过得比他们好，更多人比他们凄惨，中年老友竟以此互相安慰。

客人离开。电脑待机，无声。暗黑的荧幕一片未知似的延伸，那一堆书籍与文件也静默着。

趁着午饭后的混沌困乏之际，她拿起针线缝了脱线的被单，女孩踅进房里。女孩对新近出版的书充满兴趣，随手拿起书架上的一本书，一副想要长聊的样子，说这书封面摸起来感觉很不错耶，妈妈，ISBN是什么意思呢？你认识这个插画家吗？妈妈觉得我很吵哦。嗯。可是我好想告诉他，他的画很好耶。“书上有错哦，妈妈。未来少年科南和少年侦探柯南是不同的人耶！”咦，真的吗？……

她每每为在书出版后才发现编辑上的错误而捶胸顿足。那是污点，就像吃饭时汤汁喷上衬衫的斑点，有时候是洗不掉的。现在新进的同事，敢要敢冲敢比，有企图有效率，充满竞争力，可以加班到深夜，畅言卡位说，大谈办公室政治，让她以为自己还停滞在十九世纪的农业社会。一度她相信自己就像办公室里那棵马拉巴栗树，只要有一点点水分，一点点阳光就能活下去。她经常从令人疲倦的工作中，抬起头来看看树上嫩绿的叶片，看看窗框上的金红的落日余晖，有时脑海闪过工作和生活的种种，多少有些许慰藉。但是在愈来愈逼仄的办公空间，第一个要牺牲的就是这样一棵摆放多年已显高大而多余的树，坐在树下办公已成为笑话，她倒宁愿被移开的是她自己。

她想去远方，去走走陌生的街道，去看看不同的人们，眺望遥远的海面，呼吸清凉的空气。

抽痰机又轰隆隆响起。轰隆隆声中忽然间拔起婆婆尖锐笔直的啐骂：阿丽啊，你抽那么久，阿公会很痛耶，一直抽一直抽，不然你抽你自己看看……接着，啪啦啪啦拍背声继续响了半个钟头。

下午三点钟女孩要去上钢琴课了。女孩在穿衣镜前忙碌着问道：妈妈，你觉得要穿长袖还是短袖？一会儿又来：这上衣配什么颜色的裙子好呢？她好不容易才坐到书桌前，叫醒电脑，还没打上一个字呢。二人在镜子与衣柜之间来回走了几趟，换过若干组合的搭配，叽叽喳喳闹一阵，终于把穿得美美的女孩送出门去。她回头快速又机密地凝视了一下镜子，目光受了刺伤似的赶紧收回。

回到书桌，再一次拍醒电脑，她想，可以开始工作了吧。

电话铃声又响，是这个星期不回来的小姑打来找婆婆聊天。这种电话通常都像是绽了口的毛线衣，一旦找到线头便可以闲扯半个下午……我这次头发染得不美啦……你那套皮衣好看啊，美容院头家娘嘛有一领……啊我的股票都套牢了，你看要怎么办哦？……时而尖高时而细碎的语音，仿佛一纵队的小蚂蚁，沿着墙壁爬进房间爬进耳膜钻进她的心里。她以最大音量的迈克尔·杰克逊的歌声来镇压这队蚂蚁雄兵。beat it，beat it，just beat it.蚂蚁一只一只从心上跌下来。Ok，let's beat it.

在键盘上用力敲了几个字，又删了几个字，来来回回敲敲删删，她心里缓缓浮起一股朦胧的怒气，也有一些紧迫感，其实是荒凉得要命，直如柴火燃烧后的灰烬的那种荒凉感。

她想去一个远方，不论是荒原或旷野，只要，离开，就好。只要不再听到这些没完没了的话语，再过这种没完没了的日子。

一个远方，但是，远方，是空间上的远方，时间上的远方，还是心理上的远方？她想起曾经在一个假日，她一个人出门了，站在十字路口，脚步迟疑，向左？向右？去哪里好呢？

迟疑的脚步顺着习惯走向办公室的方向，办公室里已有三两位同事，工作总是做不完的。大家也不多做交谈，低头各自忙着。她从提包里拿出书皮已磨得卷角的《辛波丝卡诗集》，随意翻看。一首又一首诗，都向远方展开，伸展着新的地平线。那些文字如此熟悉又如此新奇，仿佛自己也可以写下一些什么，文字是一枚车票，一张模糊的地图，而诗从未写成，只留下充满沙砾灰尘的字句。她想，如果有一个清凉而完整的夜晚，如果有一个没有受损的星期日，如果生活中有平静而悠远的心情。

而生活是怎么回事？到底怎么回事，为什么总是以郁闷忧伤作为生活的注脚，她也无法解释。她问他，他耸耸肩苦苦地笑了笑，走开去。她辛苦地维系这个家庭的完整，然而房里的书架如墙，一面是诗集小说和散文集，另一面是财经管理和投资，分隔出他们各自不同的世界，简直认不出彼此来。中年的爱，曾经是饭桌上冒着一缕缕白烟的饭菜，栖息在衣柜里熨得平整的衬衫，爱在忙碌的日子里滚动着汗水与笑骂，如今是一袭褪色的家居服，屈从于习惯，而且懒惰。当他也无可奈何时，只好静默。静默如同冷冷的雨，在他们之间下着，她打了一个冷战。

忽忽日已晚，虽然她抗拒站起来离开电脑，但是很抱歉，总得要吃晚饭。她必须淘米拣菜下厨房，不管愿不愿意。厨房里热灶热锅，鱼在煎，汤在熬，抽油烟机轰轰轰如战车碾过想象的花园，生活缺乏想象力加以温润，如走在夏日发烫黏脚的柏油路上。忽然，门铃叮咚又响。另一个小姑一家人驾到。哎呀，又是不速之客。原本一家人的菜量，需暴增为两家人的量，外加饭后水果茶点……

学龄前的男孩呼叫怪兽作战电池玩具咔嚓咔嚓猛攻，抽痰机轰隆隆响；张菲的综艺节目娱乐了婆婆与小姑一家人，一阵又一阵哈哈笑，准确地配合着电视里的罐头笑声，笑声如锣响，喧嚣而空洞，重击她紧绷的神经。她看着沙发上热闹歪倒的人形，和洗碗槽里沉默堆叠的碗盘，一星期又一星期一年又一年地循环重复，种种她十分熟悉却从未去思考的情状，让她感到彻底的厌倦。从来，没有人踏入厨房问要不要帮忙，离开时也没有人会说一声谢谢，多少年下来她终于看清楚事实，她对他说："吃饭的事，以后请妹妹们自便，我不做台劳了。"

待饭桌与客厅收拾妥当，已是晚间十一点了。她洗好澡，整理明日上班用的文件和提包。书桌在台灯的映照下，敷了一层薄灰，电脑待机，无声。

忽然间，一切安静了下来。

她环顾一下屋里熟悉的摆设，努力回想这些年来生活是怎么过的？似乎是丝毫没有困难地一天过一天，像影印机复印文件一样简单。但她不是影印机，也不是救火车，每天救火似的疾走赶着上下班，她感到累极了。她思忖着改变的可能，改变自己呢还是改变环境？书架上沾满灰尘，改天再整理吧；工作虽不尽满意，至少也还是喜欢的领域；她不忍心让女儿可怜兮兮去买便当吃，她不喜欢家里没有女主人的空虚。但是，她仍渴望着去一个远方，在陌生的街上，在遥远的海边，不参与，没有欲求，只是看着，呼吸。

她想去远方，想去一个远方，不论哪里，只要，离开，就好。一个星期结束了，另一个星期即将开始，日子也许会更好，也许根本不会。她想去远方，一个远方，不论哪里，只要离开就好，只要能从即将窒息的日常中荡开就好。

为什么不出发呢？为什么不走出去？Why not？她心底潜流着一股细细的怨怒谋划着出走的路径。临睡前，女孩来道晚安，两人赖在床上叽叽喳喳聊了一会儿；老人的抽痰机隔着墙壁闷闷发响。对女孩的牵挂和自己对未知的迟疑，就如地心引力拉住人们的脚步一样，稳稳拴住了她。

终于，她发现自己竟像一棵植于土地的树，不能行走，只能，眺望，远方。

郑丽卿
台湾作家。

拍痰

刘峻豪 / 文

来咳！用力咳！

接着是一连串急促的拍背声。砰砰砰砰，砰砰砰砰。只开床头小灯的病房内传出规律而响亮的鼓点，在左肺拍完之后节奏稍歇，中间插入一小段翻身时布料摩擦床单的即兴演奏，然后鼓声赶上两步，重新抢回主旋律。

砰砰砰砰，咳咳，砰砰砰砰，咳——咳咳。拍痰声与偶尔虚弱的咳嗽此起彼落，这是病房内常见的音乐会，像是部落祈神时的舞蹈，在火堆旁击打胸膛，最原始的肢体碰撞，希望透过灵魂与肉体的撞击，能够逼出体内带来厄运与灾祸的鬼神。

那些隐晦黏稠、散发着恶臭的痰。

拍痰是卧床病人长期照护的重点之一。死水般的分泌物蜗居在幽暗的细支气管内，日日夜夜漫结蛛网，在病人的胸腔中形成聚落，张牙舞爪地伸出触手往外扩展。堆积的痰液又常是细菌的温床，日久如滋生蚊虫的池水，在X光片星空般的底色下爆出片片斑斓的肺炎之花。

拍痰原多是照看的家属轮班完成的，而许多人与其被打乱整个家族的生活步调，宁可找医师开纸证明请个外佣代劳。也因此在医院日日查房，可以看到除了病情进程之外的人情进展：从一开始挤满张扬的水果花篮与嘘寒问暖（但根本只有婚丧喜庆才会见面）的远房亲戚，几个礼拜后只剩媳妇女儿相陪，到最后连家属都很少出现了，留了一个外籍看护。

每一个病弱的老人，几乎身旁都有一位黝黑的外籍看护。大眼、微胖，略卷的黑发。我总是无法区分她们到底来自菲律宾、印尼，还是其他东南亚国家，只知道她们大多羞怯而细心，且总是把身形藏在阴影里，仿佛她们只是病房中一抹淡淡的异国香水，没有实质地位。而早起查房时会遇到的人却总是她们。主治医师拉开帘子，让一声爽朗的早安与晨间淡淡的阳光一股脑倒进病榻上，会问正睡眼惺忪从一旁陪客椅上挣扎着爬起来的她们说，阿公昨天吃得怎么样啊？有没有带他们出去走走？

除此之外她们很少说话，一部分是因为中文还不太好，另外也是她们总被定位为家属与医师之间，像答录机或接线生之类、常被人忽视的存在。医师要解释病情的时候，她会慌乱地打开她在附近夜市买的仿名牌小提包，拿出贴了水钻贴纸的廉价手机，很小声地用不流畅的中文打给她的老板，然后将手机交给医师。

在某些晴朗的黄昏，医院外的湖边常常聚集着还能坐轮椅出来的老人。在这治疗都已结束，却还不必急着回病房的时刻，常常可以看到湖畔轮椅排排坐晒太阳，上面瘫着面无表情的病人，像是晴天时从橱柜深处拖出来晾的冬天厚棉被，散发着霉味与湿气；他们身后母亲般的外籍看护则把握一天中难得的悠闲时光，与同乡用流畅的母语谈笑，完全不似病房时的那种紧张羞怯。

偶尔下班时经过湖边，黄昏金黄色的静谧时光，老人们吊着点滴，或插鼻胃管，或做气管切开术，在湖畔的微风里仿佛一排阳台上安静晒太阳的盆栽。他们的外佣就站在身后聊天，阳光斜斜打在她们脸上，深邃五官映出坚毅的影子；而她们脸上线条和缓，这是一天之中，难得不用拍痰、灌食或更换尿布的悠闲时光。

她们喉中也卡着痰。她们远渡异国，含着那口浓痰，口音混浊地学习陌生的语言，手忙脚乱做医师与家属之间的桥梁；每天在医院里替另一个痰声隆隆的老人拍背，过着呼吸少有新鲜空气的生活。

却没有人想要帮她们化痰。

在这间医学知识建构出来无比繁复的医院里，病床旁边的医师与家属来去匆匆，留下床上的病人与他们的外籍看护，默默地在剩余的缓慢时光中拍痰。比起医护人员，只会拍痰的她们懂得最少，却也懂得最多。

刘峻豪

台湾作家。

网纱象城

黄信恩 / 文

那是二〇〇七年九月的事。因为听闻“大网膜移植”手术，我飞往花莲，加入一个外科团队。

这次来花莲，视觉的撞击不如味觉浓烈。上班第一天，急诊室出现一双等待的眼神。是一对老夫老妻。老先生携着老太太从西部，历经七八小时的铁路光阴，绕了半圈台湾来到东海岸就医。两人戴着活性炭口罩，或许因为天闷汗流，口罩湿了大半。

“等一下，医生就来。”老太太有些急躁，老先生在旁安抚她。

几个月前，老太太从报上得知，花莲有位医生专开“象腿”的刀，当时就来找过医生并安排刀程。

我将布帘围上，检查老太太的下肢。老先生小心翼翼解开她腿上的绷带，那一刻，急诊室恶臭盘踞，让人有作呕的冲动。我憋气，继续端详老太太的左腿，是右腿的三倍大，其上皮层坚硬，色如泥，长出颗粒状结节，状似波罗蜜果皮；而结节间隙填充着既灰且绿的皮屑，死去角质混着迷乱组织，从中似乎又长了些霉癣。

隔着布帘，我清楚听见来去人声，几分钟就是一句：“好臭！哪一床在大便？”老太太频说不好意思，让我闻了这么臭的脚。检查过程中，我提到手术计划，她说她不是很懂，就连最关键的大网膜，也毫无概念。只知道这里有希望。

我微笑。想起当初听闻“大网膜移植”手术，也是愣了一下。

大网膜，腹腔的面纱。只要开腹，第一眼看见的便是大网膜，从胃浩浩荡荡垂悬而下，其上脂肪小球遍布，隆隆突突，油亮鲜黄；它披覆腹腔众器官，掀开它，腹腔世界于是展开，十二指肠、空肠、回肠、结肠……精彩浮现。

因此，大网膜往往不是手术或解剖学出题的重点，是一层淡然的存在，把故事与争论留给它遮罩的脏腑。我曾听操闽南话的病患称它“大网纱”。我喜欢这个别称，仿佛能感受到错织的绵密感，筛筛落落，虔诚地淘选。

大网膜总是沉寂、被遗忘地存在着，尽责护守腔室；当腹腔内发生感染，比如阑尾炎，它会开始包裹病灶，将这造反叛乱处封锁，阻断病菌向腹腔伸张。

不久，我替老太太办理住院。但以她这菌霉潜生的腿，开刀下去铁定感染，于是我们拟定一系列住院后的“净腿日志”。

净腿日志包含泡、刷、刮、洗、敷、缠六步骤。首先每天将患肢泡入碘酒内，接着拿牙刷刷去污垢，再刮去皮癣肤屑。然后清洗，敷上杀菌药膏，覆以方纱，缠以弹绷。

那天后来，主治医师带我查房，我发现这些象腿病人，老少男女皆有。多数状况与老太太相似。她们往往因妇科手术，比如子宫颈癌，在术中摘除不少淋巴结，虽治愈了，但腿部却因淋巴回流受阻开始肿胀。

我印象深刻的是Michelle，一位来自台北的年轻女子。几年前不明原因象腿，此后不敢出门。那时，她缠腿、穿弹性袜，抵抗浮肿，却徒劳。我观察过Michelle，住院期间总在病房收看娱乐节目，显然她仍向往世界的美好，羡慕台北街头，那裸露长腿、踏出倨傲步伐的女子。Michelle体型稍胖，风趣开朗，病床上的她试着把自己打扮得漂亮，睫毛膏、眼影或口红，偶聊美食。我没看过流泪或绝望的Michelle，但护士和我说，Michelle刚住院那阵子，常一人在病房大哭。曾有一段时光，她选择过隐匿的人生，多么害怕每一次行走，每一双错身的诧异眼神。

小B则是另一位让我印象深刻的病患。他是二十出头的男孩，对于以女性居多的象腿族群，他显得突兀难解。十四岁那年，小B的左下肢开始肿胀，终长成象腿，为此曾中断学业。十来岁，那是一个对篮球有强烈执着的年纪啊！但他渐渐与球友疏远，因为球裤暴露了残缺。

这是一座无声的象城，藏在花莲一间海岸医院内。象腿病人在此换着膏药，记录每日肿胀。他们不喧噪，不声张，面对太平洋，安静等待希望。

泡、刷、刮、洗、敷、缠。

往后每日，为了使老太太能如期手术，我们邀请老先生参与净腿工程，学习刷洗技巧。他躬着身，刷着老太太的腿，但因病程已久，怎么刷都觉得有一层灰屑嵌在皮表。当用力刮去，便会流血，我们踟蹰于力道，也忐忑于刀程。

“不行，得再清干净。”

“到底还要清多久？”老太太开始烦躁。

“如果清不干净，是无法安排手术的。”

数天过后，老太太的腿终于净洁许多。不久，她接受了大网膜移植手术。整个手术长达五小时，原本位于腹腔的大网膜，经由转位，移入左大腿上方，并置入一段人工血管，于此吸收下肢渗液改善水肿。

术后前几天，老太太住进加护病房。之后病况稳定，转入普通病房。接下来的日子，我们每日评估腿围变化：0.1厘米，0.05厘米，0.02厘米，慢慢地，慢慢地，总以一种不太有意义的变化，减小或持平。

然而我们最不愿遇见的事发生了。伤口愈合不佳。感染。高烧。

“不能出院，伤口有感染，抗生素要调整。如果持续下去，我担心日后那条人工血管会没有作用。”主治医师向老先生解释。病房空气突然稀薄起来。

当晚，我听见病房传来老太太的声音，是争吵。那日过后，我开始注意老先生与老太太的互动。他们之间的言语过于稀少，老先生的陪伴日志里，大概就是买份报纸，张罗餐点。那些餐食相当简单，豆浆或烧饼，鱼汤或鲜果；有时他们会有小争执，比如空调太热、水果太酸、粥太咸、百叶窗不该拉升、绷带缠绕过松等。

老太太情绪越来越浮动，老先生却越来越沉默。

“不要再换药了！每天换还不是照样感染？我要回家。”老太太有些激动。

一个月后，Michelle和小B出院了。老太太仍烧烧退退，换过几次抗生素，病情才稍稍稳定下来。然而故事未完，在复健介入下，象腿消退情况仍显迟滞。老先生说，再住院等等看吧！我也会在这里一起等。

拆绷带。洗屑垢。敷药料。缠绷带。

我总无意间撞见老先生恭谨地服侍这腿。一日挨一日，慢慢地，有条不紊地。在等着大网膜吸收渗液的同时，时空里仿佛还有另一片网膜，比大网膜更巨大更绵密地，无声地包裹、屏障着，从老先生手中的绷带，一层盖过一层，覆在象腿表面，生命的外环。

愿望就在网纱上筛落着。有的成真，有的幻灭。而希望或许就会出现吧！至少老先生是这样深信着。

黄信恩

台湾作家。

第四章 4 路过皆美好

乡愁可说是以蛛网、尘灰和泪水、口水糊起来的东西，七分浪漫，三分无奈，固然无法摆脱，却也不能太过当真。

厕所的故事

王盛弘 / 文

参观倚松庵时，特别留意了它的厕所。

倚松庵是谷崎润一郎旧居，位于神户近郊，邻川而立；一九二三年关东大地震后，谷崎迁居大阪、神户，二十一年间搬家共十三回，在这里租住了七年，完成《细雪》等名作；倚松的“松”字并不指大门前看来还小的迎客松，而是取自第三任妻子森田松子之名。

我因常在晨光中一页一页翻过《阴翳礼赞》，有机会到神户走逛时，便兴起上倚松庵探看的强烈念头；旅行也就是这样吧，虽说满心期待的，是未曾预料到的新世界在眼前开展，更频繁的却是印证与求证，使长久以来在脑海搬演的浮想联翩有一个落实的舞台，四国的森林之于大江健三郎，京都有沟口建二的残影，至于谷崎润一郎，要凝缩到他的屋宅，因为《阴翳礼赞》。

《阴翳礼赞》从营造一幢纯日式住宅的种种考究谈起，如何在保留现代文明的同时，追求日本传统之美，真令谷崎氏大费周章，比如他在纸窗外又安装了玻璃窗以顾及透光与安全，却发现自里看已无纸窗蓬松感，从外头张望则只是普通玻璃窗，而慨叹不如只用玻璃窗……

最令他头痛的，是厕所。

现下倚松庵的厕所采蹲式冲水马桶，釉白冰亮的水箱、便器、洗手槽，水管泛着金属银辉，一扇方窗自高处滤进温柔天光，为这一方现代化小宇宙笼罩上古典的余晖。谷崎氏对厕所却另有一番想象：他钟情木制品，当时间的滴答唤醒木头纹路，别具安抚精神的功效；木制小便斗最好再填上苍翠杉叶，不仅富于视觉美，也可消音。这样的理想，是连奈良、京都古寺院的厕所都无法臻达的，不过谷崎属意的风情倒仍可捕捉一二。

比如东大寺二月堂的厕所，有“某种程度的昏暗与彻底的清洁，加上连蚊子的嗡鸣都听得到的静寂”，朝颜爬上毛玻璃小窗，氤氲的绿叶、朦胧的紫花在风中微微晃动，细雨丝丝轻响，雨水一滴两滴自瓦檐落下，嗒，嗒，空气荡出一圈圈涟漪。可惜我既乏诗心，也缺慧根，否则这样的空间应该很适于冥思。

或是大德寺高桐院，厕所位于枫之庭边角，步下本堂，经过渡廊，往低处走数阶，几株枫树兀自红着，万竿绿竹径自绿着，正是“建在离主屋有一段距离之处，四周绿荫森幽”的厕所。让我讶异的是，该厕所一点气味都无，我着意多看了几眼，除了通风良好、勤于打扫之外，每个角落都放置竹炭（不织布包装上印着“竹林浴”）可以吸湿除臭。但了无一点味道的厕所一时竟让我略显狐疑而迟疑。厕所还是有淡淡厕所的味道比较令人习惯、安心，就像人要有人的气味，否则不成了聚斯金德笔下的格雷诺耶。

谷崎润一郎耽美，不厌其烦地陈述他对官能美与古典美的迷恋，但他不专注于约定俗成的美，而能够着眼于屎尿，提出指导原则，将污秽之事也收拢于美的范畴，让生活整体都臣服于美。是这样的别具只眼，使他说出：“日式建筑之中，最可以歌赋风流的，非厕所莫属。”

离开倚松庵后，我与偕游的伙伴走在住吉川畔，他说：“刚刚本来想上个厕所的。”为什么不？他回答：“一看太干净了，便意全消。”我故意酸他：“可别弄脏了大文豪的厕所。”倒也不是无的放矢。退伍后第一回与旁人这样靠近生活了几日，行前预想种种可能发生的龃龉，哪里知道，出恭之事竟润滑了这几日的相处。

第一天回旅店后，伙伴说要上厕所，我还嘀咕着又不是小学生，怎么连上个厕所都要报备，很快地门后传来冲水声。我到日本都住这家连锁旅店，知道这是“音姬”设备。紧接着却有声响令人错愕，断断续续但没有中止的态势，我急找电视遥控器却越在这种时候越是手忙脚乱遍寻不着。那真是令人难堪兼且难熬的一刻钟有余！下一回他知道要先让我打开电视再隐入门后了，我则将音量越调越响……

事后他说：“音姬果然是有必要的。”我回他：“光是模拟冲水声哪里够用？最好可以点播。”两人遂煞有介事讨论了起来（连屎尿之事都能畅谈，才是可以一同上路的人吧？），以海浪当背景的《卡农》情境音乐如何？且慢，这种时候不必附庸优雅，着眼的还在实用，既然人在日本，就点冲绳出身六名少年组成的“橘子新乐团”莽莽撞撞又振奋人心的呼叫：如今关键在握，你的眼神已没有迷惘，那就前进吧！/迟钝的蠢样仍然有光彩，你一点也不逊，/因为你的单打独斗、刻苦耐劳，/和流泪，我们都知道，没有人会取笑……

一曲唱罢而音讯尚杳，那再点播一首。两名永远处于变声期、青春洋溢的“橘子”，听他们扯着喉咙喊：“原本不是什么值得头痛的事情，/成了一头栽进迷宫的大问题，/只要用一点幽默幽默幽默，/我们其实可以一笑置之……”生命总有许多无言以对的时刻，这时候就服一定幽默感吧。

几日相处，当我们的战士又为出恭而采“焦土策略”时，我已经可以优哉地饮朝日啤酒，看日本天皇即位二十周年、酒井法子遭判刑一年半的电视新闻了；但，拿在手中又放下的一颗当令鲜甜青森苹果仍迟迟无法啃下第一口。大德寺大仙院是枯山水名所，有“便所规定”四条，第四条说厕所是“慎独最适的道场”，遇上这种情况，对厕所外的人来说，也能作如是解吧。

大仙院便所规定第一条，则是“清洁第一”。干净的厕所维护不易，却不容易被记住；不干净的厕所反倒常在脑海反刍；最肮脏的厕所轻易便说得出两处，都在银幕上，出自同一名导演。

《猜火车》中马克闯进那座“全苏格兰最脏的厕所”，触目已让人作呕；当两颗肛门塞剂掉进马桶，他跪地低头拨弄，就这么滑了进去，更使人想闭上眼把这一桥段敷衍掉；但是紧接着的，却是我观影经验中最富诗意的一幕：马克悠游于清澈如蓝色宝石的汪洋，金色天光穿透海水宛如碎钻熠熠闪耀，宁静，祥和。本来并无什么太特别，但因有前面的丑更烘托出后面的美，内急终于得解后不是更天宽地阔吗？

更地阔天宽的，还有终于自厕所被解救了出来：那一年，阿维尼翁TGV车站刚启用，工人仍在里里外外地忙碌，我拖拉着个大行李箱上厕所，完事后却怎么也打不开门。谁来救救我啊？我拍打门板，谁来救救我？终于有了动静，脚步声交谈声一片杂沓，不多久后门被打了开来，当我现身时看见的是门前围着一群人，都哈哈大笑，都拍手鼓掌，簇拥着我好像我刚赢得一个选美比赛。

由丹尼·博伊尔导演的《贫民窟的百万富翁》剧中也有一场从厕所脱困的戏：贾默坏了哥哥做的上厕所要收费的生意，被锁进了搭在空地上的悬空式厕所，不巧大明星搭机就在邻近降落；贾默拿着随身携带的一张偶像照片干着急，却觅不着脱身之道。最后他高举照片扑通一声跳进了粪堆，才顺利遁逃拿到偶像签名。

那样因陋就简、肮脏不堪的厕所或许是第三世界许多地区的实况吧，虽然耽美的谷崎润一郎也上过悬空式厕所，情调却落在天平另一端，他说："那固态排泄物由我的肛门排出之后，会飞落几十尺的虚空，轻拭蝴蝶的翅膀，掠过行人的发际，再窜入蓄粪池中。"电影如果真的这样拍，不是超现实，就是周星驰式的无厘头。

童少时候乡下老家的厕所也称不上干净。蹲式便器是深赭如酱渍的粗陶，长久以来裂开一个缺口，小灯泡在头顶发出吱吱低响，蜘蛛结网，壁虎虎视眈眈地埋伏在梁上；夏天时尿臊便臭盈鼻，蹲个厕所发一身大汗；粪坑里有蛆蠕动，有时就爬上地面，直爬过长长甬道，爬进稻埕，肥糯身躯让洋灰地烫得直翻滚，刚离窝的鸡雏闲步经过，一啄，就进了它的肚子里。

大家族共用的那个窄仄仅能容一人旋身的幽暗空间并不与主屋相通，上个厕所需穿越一座稻埕，雨天时已属不便，冬夜里更让人强忍住尿意也不愿下床。一回父亲喝醉了返家，隐忍不下的母亲落了闩又迟开门，遭父亲不礼貌对待，我愤愤不平睡不着觉，半夜里起床小解，却发现从父母卧室一路到厕所的灯泡都亮着，微弱但明确，应是母亲怕踉踉跄跄的父亲要上厕所而为他拈亮的。

学龄前，有一次我在母亲用过后不久上厕所，发现昏暝如夜的坑洞里似有沾着血水的卫生纸。母亲生病了吗？我急跑到厕所后方，费了好大的劲才翻开一口倒扣在掏粪口的大鼎，凝视，确认了卫生纸上沾的是血，心中升起无名恐惧。妈妈要死掉了吗？该怎么办？不敢开口问，害怕得颤抖。

关于厕所的故事，也想起了爷爷。一般，每张卫生纸都可再分离成薄薄两张，爷爷总将两张卫生纸撕开成四张，每次使用三张，他说：这样刚刚好，以前啊……以前啊以前，说来又是一个好长的故事了。掏粪这差事都是爷爷做的，总在日头偏西把树和墙拉出长长影子时，爷爷在他瘠瘦肩头架一支挺秀气却韧性十足的扁担，挑两桶粪水去菜圃浇灌。远远看去菜圃有许多白色细碎卫生纸黏附，但也没人说这样不卫生，青菜瓜果上桌更是呷得有滋有味。

又勤又俭的爷爷至死没呷过一口闲饭。晚年，儿子们分家后，爷爷与我父亲同住，他每固定日子轮流到散居村子几个儿子家中吃饭，不管轮到哪一家，母亲永远在餐桌上置备爷爷咬得动的菜肴，因为曾经爷爷用餐时段出了门很快又回来。爷爷什么都没说，母亲也什么都没问，只是急着再下一次厨。爷爷临终，父亲痛哭，骂了声“干”，不知是说哪位叔伯也不为欧多桑准备细软食物。在那个许多男人习惯说脏话的竹围仔，这是我这辈子唯一听过父亲骂的脏话。

乡下童年有种种的好，老家往事有种种的令人留恋，那座厕所就算现在想来也觉得挺有诗意，但我再不愿去蹲上一回了，毕竟上个厕所是肉搏战，不能听凭脑中想法恣意发酵。

进城后，发现城市里的公共厕所设备新颖，看起来有时比家里的还干净。阿盛老师写《厕所的故事》已是三十年前往事，如今台湾连偏远乡下都很少不用抽水马桶了吧？要像文中所说，高中应届毕业生看到抽水马桶而好奇地一个一个排队去上上看，三四天里坐坏三个护圈，是不会再有的了；不过，几年前初次住进日本那家连锁旅店时，我对它的马桶还是端详老半天：一坐上马桶便先有模拟冲水声的“音姬”设备，护圈还温温的好像冬夜里上床有人先暖过被子，它的洗净设施还有不同角度可以调整，“啧啧，真不知道日本人脑袋里装的是什么？”就这样，上个厕所好像经过一场文明的洗礼。

事后我把日本旅店里的“奇闻”说给朋友听，说得很有兴致，对方却平平淡淡回我：“你这个乡下来的土包子。”我还没告诉他呢——台北诚品信义店刚开幕，我去用它们的厕所时，小门一开，马桶盖自动掀起，直让我骇异得往后退，几秒后不死心，探头去要把躲在门后恶作剧的人给揪出来。

因为有这样干净的厕所，有时我进厕所却不为了上厕所。我好独处好安静，静看一树花开花落最感到天人和谐，但在这个时代在这座城市，一出了家门——有时也不必出家门，只消打开手机，甚至连我自己也常叽里呱啦仿佛金鱼取食嘴巴一张一合吃撑了吃暴了至死方休那样说着话，偶尔地我就隐入厕所埋首膝间，静静坐在马桶盖上，安享三分钟五分钟的安静。

这是我初进职场养成的习惯，那时我不自量力应征了个美术设计的工作，上班后一名资深同事冷冷对我说："我看你连圆规怎么用都不会。"想想不无道理，几日后我打算辞职，老板留我转任文字编辑，这名资深同事仍瞧不起我。偶尔的心情过不去，我就躲进厕所喘口气。这情况持续到第一回我与她同作一场采访，事前花了许多精力准备。采访结束后，天正下雨，走到屋檐底，她在皮包里掏了掏，拿出折伞撑开为我挡雨。我感谢她，为我上了社会大学第一课：与其生气，不如争气。

厕所里三分钟五分钟的美好时光，好比旅行。从日常生活逃了开去，一个人静静地走路，这大概就是我多少年来偏好不结伴旅行的缘故。五天过去，伙伴依原定计划回台湾，尽管数日相处得愉快，我还是衷心表白：你的旅行已经结束，而我的才刚刚要开始。

王盛弘

台湾作家及媒体人，曾获梁实秋文学奖、报纸副刊金鼎奖等，著有《慢慢走》《关键字：台北》等。

陶渊明说悄悄话——士林下树林街

郑衍伟 / 文

细睇范宽《溪山行旅图》总觉撞墙，山壁像发福的空中飞人伸手迎来，从钢丝上一跃而下。即使翻印书面，图片也会白地生烟，墨迹腾云，像小人国核弹爆炸。顺右侧一线涓流下行，暗渡薄雾氤氲、楼台莽林，这才发现豆马五六，毫人三两。古人玩画，讲究可居可游，一幅山水不只张望世界，还可以走进去。《聊斋志异》有这样的事，冬日飘雪，疯狂道人邀县官诸君至湖心亭看花。亭上有壁，道人大笔一挥，推窗通往夏天和villa。

这种山水是心目中的风景，是藏在缝隙里的世界。譬如夜里走访京都鸭川四条大道，突如其来拐进先斗町就有此况。三越SOGO咫尺丈外，道旁细巷沉静逼人。这条小路只容两人并肩，却满藏食肆、酒吧和小物店。店招悬在二楼，抬头恰可读字，甚至只在门上刻画几笔，趋近才能看清。

或者在瓦拉纳西寻找步入恒河的水阶，你必拐进那些连机车都难以动弹的石板小径，横越垃圾、商铺和深藏不露的印度庙，才有办法一睹圣河。这种小道像叶脉一样生长分岔，窗尽有花，花尽开门，门尽一拐，小腿飞奔。万人嗡嗡顶礼颂赞，小童哗哗裸身跳江。

京都千年，瓦拉纳西三千年，时间像范宽画中的大山压阵，然而真正可爱的其实是山下开展的细节。雄浑、庞然、硕大，一点都不可爱，是故瞩目必小，漫步必小，赏味必小，藏珍必小，小里小气，纤纤动人。

于是乎我三番两次跨进下树林街。

下树林街不宜直访，最好的游法，是悠悠哉哉顺捷运晃荡到士林站，自2号出口出发。若艳阳高照，可先至福德路和文林路交口“Orange看电车（实则看捷运）”咖啡店（台北市士林区文林路三〇二号）纳凉。此店楼高三层，有叠树架巢之势，双侧开门，顶楼可以吸烟。正门在文林路上，一闪神就会错过，盖骑楼奇窄，无玄关门面可看，另一方面是邻居气焰太强——一侧乃情趣用品店，另一头是机车行。避尘器的熟客，捷运出站后会闲步踱入停车坪，轻推树后暗门拜访。

自福德路向西途经士林小学，矮墙圈起一座红楼，高度正适远眺。路在这里岔成四条，左右开展大西大东旧街，前方又吐穗两道，福德路左偏，下树林街右让，几成平行。工地栅栏的草色，衔士林纸厂的芝山白砖，红锈铁皮，苍玄骨架，如锦带绣花。平行两路有小径通，碧林掩映。墙下小渠满是秋黄。

一过纸厂废墟，墙色迥然不同。全是两三层楼矮房，水泥素面，披挂电表和铁窗。巷弄于此微微束腰，开始像筷间滑落的拉面一样不听使唤。将一九〇四年测绘的台湾堡图和谷歌地图交叠参照，会发现这里原是河湾。现今士商路与基河路包围的整块区段，过去乃基隆河旧道，大南路正对港边。现今纸厂门左，花径原是运河，一路直通基河路畔福德宫。林间那截渠道，或许亦是分流。此区即便街景汰换，巷型依旧古意盎然。越往西北，巷弄越老。老年懒步，不耐奔走，访客亦少，减劳省神，街区一如暮年老叟，任须发大大方方自生自灭。门前迟行迹，一一生绿苔，防火巷后往往别有洞天。

出福德路，沿基河路十余步，即至社区公园，路程至此约莫一半。园旁楼下，善心人士拾得彩漆小凳数只，饶富童趣，不妨索之小憩。独坐荫后，窥看基河路和中正路辐辏相交，嘈杂阒寂比邻，车声却湮没树浪之间，一乱一缓，心眼洞开。这时顶好趁恍惚之势，自公园侧“派蒂汉堡”旁（中正路四三五巷十七弄）穿入，望颓墙，白纹催魂。

此地虽小，美好的阳台却过节摆盘似的漫天横伸。美好的阳台适合在二楼，巴掌大的盆景列队，间杂半人高的小树迎风，仿佛成群驯良的鸟自包厢探头，小有野趣。青藤漫游，自空垂钓，更十足勾人。这种阳台不必宽，深寻两三步，莫半露天更佳，如此树影不显局促。临街一面点缀花砖，壁不过胸，或者，铁铸小红栏杆亦好，忌闷气。夜里花砖隐透灯火，疏影斜照，情人友朋来访得倚栏俯身，隔空细语，这才深得楼台三昧。空间如此开放，个人主义者或感为难，然而私家园囿与世隔绝，反倒失却阳台风韵。阳台之设，原为对看谈笑，若意在遮掩，不妨效法禁宫雕窗，把春色统统关起来。

阳台设于小巷，更胜设于空阔的观景大厦。小巷取静，但不绝人声。夏夜捧灯，泡杯凉茶，或任风翻书，蒙眬睡去之际，犹听见远方脚踏车铃，此则上等。若有小院，植棵老树，更添掩面之姿。小巷里若有阳台对望，亦是胜景，隔邻呼唤倍感亲昵；远些，晾晒棉被，午后发呆，抬头相视一笑，多添几分人情。

城内一般人家少有庭院，阳台下多为门厅。透天厝旧俗，一早拉上铁卷，开落地窗，独独虚掩纱门。扭开电视不看，只为显示有人在家。下树林街亦然。美好的阳台下，门前什物自成小景，鞋柜上插着英文传单，五把不同颜色的伞挂铁窗，一捆黄色水管揪起来，搁辆破脚踏车，洋洋有生气。若有三楼，则宜晒衣。午后学生上学，当家上班，满城空巷，顿觉绿叶如瀑自荒宅淅淅泄下，美得慑人。此地废屋间杂，经过人家门口拖鞋遍地五颜六色，往隔壁窗内望去，宅内竟是森林，屋顶不知飞向何处，房里比巷中更光。相较之下，豪宅堂皇玄关，反倒太干净，太简素，甚而失却颜色了。

前几年趁台北故宫八十大寿拜见李公麟的《山庄图》，瞠目结舌。不仅山水摩登，李公还亲任画中导游，带你走透透。文人写画，把美好的经验缝缀成索，为的是拉人一道穿越狭缝，前往心中。下树林街深处最经典的场景，是福德路七十四号旁的防火巷。当你侧身钻过蒙蒙长路好不容易晒到太阳，发现深巷角落竟藏有门牌，门上甚至贴着招租红纸附带电话，你必然会想：这是什么地方？山有小口，初极狭，仿佛若有光，复行数十步，豁然开朗，这是陶渊明的悄悄话，不要跟别人讲。

郑衍伟

台湾作家，担任过英日文翻译、剧场编导、项目策展人，
曾获台湾文学奖剧本创作首奖、台北文学奖散文奖等。

也许有一个地方——谈旅行和乡愁

张让 / 文

1

是了，就是这里！

也许你有过那经验，旅行到了一个地方突然觉得：这就是一直梦想的地方，我要留下来不走了！

我们在新墨西哥旅行时就是那样，从头到脚从里到外每颗细胞都说："我要住在这里，吸饱这阳光和天地！"一回到家里立刻觉得空间闭塞窒人，只想转身逃跑——啊，若在新墨西哥多好！

2

若在那里就好了！那种想要逃出去的感觉大概许多人都很熟悉。

我小时总爱往外跑。在金山时，从街头跑到街尾，从教堂、戏院、菜市场、坟场、派出所、温泉公园跑到海边。搬到了永和也是，永和路、竹林路、中兴街、豫溪街，从中正桥头、河堤、永和戏院到乐华戏院和旁边的夜市，似乎走遍了。搬家时不免有点难过，但更多的是兴奋。我也喜欢到同学或朋友家里去玩，窥见别人家回顾我家的世界，充满了好奇。高中开始和好友坐咖啡馆、逛台北，衡阳路、宝庆路、沅陵街、西门汀、中山北路，耗了许多时间在地下室的中国书城里。在这些地方，书店无疑提供了最广大的空间——想象的空间，远离现实，那空间比任何地方都诱人。

在种种但愿的时刻中，最深刻的是星期日的不安。早饭过了，无事可做。中饭也过了，时间滴答滴答震耳离去。我看见所剩无几的周末大步踏出视线，生命的无聊似乎到达了顶点——天啊，除了每天可怕的机械重复，就没有什么趣事可做吗？周末就要这样白白浪费吗？强烈的骚动像老鼠啮咬我里外上下，我不断在父亲面前走过，偷偷瞄他，企盼他会心有灵犀，说出那句最动听的话："走，到台北去！"有时他果然"乖乖"说了，我们便快乐地出门挤进计程车，腾云驾雾般上东方出版社，然后抱了新书回家。那单纯而铺天盖地的快乐，只有童年时代才可能。现在就算买下整家书店，也比不上那时怀里的一本《七侠五义》或《基督山伯爵》。

3

中年越深，童年似乎越近也越远，在轻易可以召唤和难以想见之间来回。

什么是童年？童年是不费力气便能兴高采烈，是人人生命里第一个无可挽回的失落。时间轰轰逝去，而生命涓滴流淌。古今中外，没人能留住童年，连分秒都不能。从这角度而言，失落园的慨叹不限于基督教世界，而及于全人类。人从很早便经历失落和放逐，无一幸免。从跌出母亲子宫到告别无邪无忧，无奈是人人必学的第一课。

因而，从“可是”到“但愿”，在“这里”和“那里”之间，旅行在某种意义上是个暂时的替代或缓冲。粗浅的说是逃避现实，和读小说看电影差不多。深一点来说，则是疏解乡愁和寻求乌托邦——前者回视过去，后者展望将来，其实是一为二、二为一的东西，乌托邦只不过是乡愁穿上西装打了领带转个一百八十度而已。

我们旅行到过不少喜欢的地方，但没一处像新墨西哥那样有魔力，让我们时刻神往。为什么？我可以列出一串理由，譬如景观奇异、空旷少人、光线清亮等，但真正理由无非是：只因为，心的理由，智无法穿透。

经常我们所谓的理由不是过于片面就是过于概括，总之太肤浅，没搔到痒处——其实我们受内在深处的欲望驱使而不自知。正如若非得追究为什么写作，我也可开列一串十分像样的理由，而最终除了知其然不知其所以然，毕竟无法回答。凡是关系内心最深的想望，意识总是后知后觉，甚至不知不觉，相当迟钝无能的。

4

所以，八月中从新墨西哥回来，勉强自己重新纳入生活常轨，再度危坐电脑前“服刑”。一天电脑反应极端迟钝，最后发出有如碾压碎石的怪声，忽然现出示警的全蓝荧光幕。我吓得慌忙关机，隔天打电话找人来修。长话短说：我古老的电脑终于暴毙。不但回生乏术，连文档也无法抢救。等买了新电脑从头学习适应开张，已经是九月。急急加工忙完了一批“正事”，才总算有空把几批积累的旅行摄影输入电脑，那时九月都快到底了。数百幅影像，先下毒手大事删除，再来细细修改整理。过程相当烦人，但能随每一相片再度神游新墨西哥，还是值得。

十月中，从新墨西哥带回来的“灵光”早已散尽，现实一下子现出原形逼上来。忽然间，全美最大银行纷纷倒闭，股市狂跌，从纽约到伦敦，从东京到上海，新闻一片楚歌，好像在比赛谁家更惨。怎么可能？难道那些在媒体上聒噪不停各说各话的“专家”说的只是废话吗？难道多年来无限膨胀仿佛没有止境的美国经济其实不过是泡影的泡影？迷信自由市场的放任经济终究只是盲人瞎马走在断崖边缘？消费无度以为是天赋人权的美国人终于梦醒了吗？全球就要一跤跌进大萧条的深渊里去吗？

我们惯常的“旅后忧郁”，这时恶化到几近彻底消沉。经济其实只是部分原因，中年的迷惘和疲惫才是主因。我们从哪里来？往哪里去？现在在生命地图的哪一点上？我们是否走错了路？一切都是徒然吗？问题问题问题！

我们互相取笑打气，然后像白头宫女话当年，回味一个多月前才刚去过的新墨西哥——荒凉绝美的比斯提恶地，大河峡谷边上满天橘金靛紫的夕阳……

无异在说：走，现在就回到那里去！马上！这一刻！

好像快乐与否全系在一个地点上。

5

许多年来，我们深觉厌弃美国的商业文化，尤其是迷信自由市场的超级资本主义。美国已经从当初浪漫清纯的美少年，变成了一具需索无度腐败老丑的厌物。就像王尔德《杜连魁画像》里的主角，画像随时间老朽了，而镜中人青春永驻。

怎么破除这个病入膏肓而又自以为是的制度？怎么逃脱？我们总在想这件事。新墨西哥的魅力正反映了内在的这份渴望：那空荡野性的天地里没有赶尽杀绝的资本主义，没有塞满汽车的高速公路和处处切割天空的电线网，没有人类无尽的我我我和钱钱钱的臭味。也就是，那里看来仍然干净纯粹，像个尚未堕落的童贞世界——起码在表面上，设若略去史上白人和印第安人在这块土地上的冲撞厮杀……

当然，我们不能假装这里奇迹似的免于暴力和不公。仍然，相对而言，这块地方还是保留了某种神奇，或许就是天真未凿。站在这里，我们能够想象，甚至窥见天地原初的状态。

6

天地原初便是好吗？混沌初开，天真未凿。人似乎总有意无意在悼念某个失落的世界，所以故事这样开头：很久很久以前，在一个遥远的地方……

在美国作家温德尔·贝里的长篇《失落的世界》里读到这一句话："我很清楚我在哪里；才不愿在别的地方。"心里不觉一亮："我知道那感觉！"其实这个"知道"包括两层：一是那种安于所在的欣喜；另一则是反面的，对身在之处的厌倦。贝里那看来简单的一句话，兼具了这两层相反的情绪。

在读到《失落的世界》前我并不熟悉贝里的小说，只偶尔在杂志里读到他的散文。他以叙述肯塔基农村和批判科技文明的散文知名，也写诗和小说。他的小说一如散文，环绕肯塔基乡间的人事今昔，文笔清明如水，写几乎消逝的农村世界，犀利又深刻，让人感叹商业文明拜金拜物拜名的势利庸俗，乡愁农业社会的纯朴徐缓和厚道亲切。读他好像一种回返，得到休息和再生的能量，类似读王维或陶渊明。在内外双重危机下，我需要在他笔下的世界里休养生息，于是到图书馆借了更多他的小说和散文来。

7

然光是贝里不够，我还需要一点与世无关的天真无忧，于是从书架上搬下久违的《维尼小熊》《在我们还很年轻时》，打开一读果然开心起来，光是闻见那纸张油墨的气味，看见那无邪动人的插画就不禁微笑。忽而想到克里斯托弗·罗宾的童年回忆《神奇的地方》，奔到客厅去抽下来看，很快读完了。这书在书架上枯站了许多年，我简直都忘了！

克里斯托弗就是童书里那个快乐无邪的小男孩，这时已成了感伤的中年人。他形容自己的乡间童年“光灿华美”，可说毫不夸张。写父亲当年带着乡愁和儿子一同长大，儿子三岁他也三岁，儿子六岁他也六岁——我记得自己带友筝也差不多是那样。成年后他和父亲的关系比小时更深，原来两人同一怀抱。克里斯托弗因父亲的书自小成为名人，长大后却急于逃避那名气的负担。而父亲也同样在逃避。艾伦·米尔恩在回忆录里谈自己每一创作阶段都在于逃避前一阶段，最后有这样一句：“因为我一直需要逃避。”

谁不需要逃避？只是未必愿直言承认。从小时周末的骚动到年轻离家到美国时的狂喜，我深知自己这种“一直需要逃避”的冲动。写作积极来说是一种追求，消极则是一种逃避。

8

问题在：快乐真的在于地方吗？就像好书不在印刷的纸张油墨而在作者，快乐应该不在地方而在个人。然而天堂、乐园也好，桃花源、香格里拉也好，在一般理解中是实地而不是概念，只是不知道在哪里而已。一般热门旅游地都在好山好水处，显然快乐和地方若没绝对关系，起码密切关联。

有本书“*The Geography of Bliss*”，暂且译成《欢乐地理学》，就是根据这前提写的。当时书一上市我就急忙买来，结果不用说大失所望。作者环球寻找快乐地，每到一处便询问当地人是否快乐，真是拙得可以。快乐与否哪能这样轻易断定？某人某时的回答便能当作衡量的基准吗？但前言里有句话倒是再真切不过：“我总以为快乐就在转角，难在找到那个角落。”

这次我们在陶斯住的民宿是家老西班牙庄园，不大不小有种温馨的家庭气氛。在这里遇见了一些人，听见了一些故事。有的人梦想搬到陶斯来，像我们和一对圣地亚哥来买别墅的夫妇；有人从别处搬到了陶斯二十年后，却又移情他方，像经营这家庄园的夫妻梦想驾船遨游四海，在厨房帮忙的朱蒂打算几年后和丈夫搬到西北太平洋岸的俄勒冈去种菜。

月是故乡明？生命在他方？乐园究竟是在前面，还是后面？我们曾怀念安娜堡和石城，现在却乡愁新墨西哥。好像榕树，全身都是气根，就等落地。

9

不论如何，乡愁或多或少是生活的一部分。尤其人到中年，特别容易看见凋零和残败，不乡愁是不可能的。然乡愁可说是以蛛网、尘灰和泪水、口水糊起来的东西，七分浪漫，三分无奈，固然无法摆脱，却也不能太过当真。于是在一厢情愿和拿不起又放不下之间，人只能唏嘘惆怅，一脚往前一脚往后，三分诗人，三分哲人，剩下的是童心不死的小孩。

这里我还是得回到贝里。在他的短篇《远方》里，三十几岁的叙述者因祖父将死而回到老家："归来让他突然对家乡有了具体清晰的理解。地面的每一皱褶，每一草一叶都带给他欢欣……"也就是，他懂得了自己在天地间的位置。

再一次，我深受震动。那不正似中国人过去所谓的"安身立命"吗？在一个举世迁徙移民的时代，那样的乡土感和归属感已越来越薄，代替的是疏离和失落，以及某种程度上的，走到哪里算哪里的淡漠，或者说洒脱。乡愁因此具备了双重意义：对旧地的惆怅，或是对远方的向往。

10

若伊甸园是过去式，乌托邦便是未来式。我们夹在两者间，一如此时此地，瞻前又顾后，踌躇两志。

陶渊明有田园可以归去，让他载欣载奔。华兹华斯家在湖区，有整片山野供他徒步漫游。梭罗有爱默生借给他的华登湖畔，让他可以盖小木屋独居，暂时随心所欲。丘吉尔有乡间的查特维尔家园，供他闲暇休憩和老年退隐。而无田园可以归去的卡缪，只能永远是巴黎的异乡人，梦想阿尔及尔的海滩和提帕萨的罗马废墟。

我们呢？在住过许多地方以后，我们问：

就是这样了吗？青山后再没有青山了吗？

有那么一个地方，一沙一石一草一叶都给我们欢欣吗？

有那么一个地方吗？我们已经找到了吗？还是，过了转角还有转角？

张让

台湾作家。

雁山瓯水

余光中 / 文

1

去年年底，温州市龙湾区的文联为成立十周年纪念，邀请我去访问。正值隆冬，尽管地球正患暖化，但大陆各地却冷得失常；温州虽在江南之南，却并不很温，常会降到十摄氏度以下。高雄的朋友都不赞成，说太冷了，何必这时候去。结果我还是去了，因为一幅瓯绣正挂在我家的墙上，绣的是我自书的《乡愁》一诗，颇能逼真我的手稿。更因为温州古称永嘉，常令人联想到古代的名士，例如山水诗鼻祖谢灵运，就做过永嘉太守；又如王十朋、叶适、高明，当然还有号称“永嘉四灵”的徐照、徐玑、翁卷、赵师秀，都是永嘉人。更因温州还一再出现在有名的游记和题诗之中，作者包括沈括、徐霞客、袁枚、王思任、康有为、潘天寿、张大千。

天公也很作美。一月十一日和我存、季珊母女抵达温州的永强机场，刚刚下过冷雨，迎面一片阴寒，至少比高雄骤低十摄氏度；接机的主人说，近日的天气一直如此。但是从第二天起，一直到十八日我们离开，却都冬阳高照，晴冷之中洋溢着暖意，真不愧为温州。我们走后次日，竟又下起雨来，实在幸运。不仅如此，十五日黄昏我们还巧睹了日食。

另一幸事则是在我演讲之后，原本安排导游，是先去北雁荡，再去南雁荡，但为摆脱媒体紧跟，临时改为先去南雁荡。原先的“反高潮”倒过来，变成“顺高潮”，终于渐入佳境。

2

雁荡山是一个笼统的名词，其实它包括北雁荡、中雁荡、南雁荡，从温州市所辖的乐清市北境一路向西南蟠蜿，直到平阳县西境，延伸了一百二十多公里。它也可以专指北雁荡山，因为北雁荡“开辟”最久，题咏最多，游客也最热衷。

我们先去拜山的，是南雁荡。入了平阳县境，往西进发，最后在路边一家“农家小院美食村”午餐。从楼上回栏尽头，赫然已见突兀的山颜石貌，头角峥嵘地顶住西天。情况显然有异了。不再是谦逊地缓缓起伏，而是有意地拔起，崛起。

在粗砾横陈的沙滩上待渡片刻，大家颤巍巍地分批上了长竹筏，由渡夫撑着竹篙送到对岸。仰对玉屏峰高傲的轮廓，想必不轻易让人过关，我们不禁深深吐纳，把巉岩峻坡交给有限的肺活量去应付。同来的主人似乎猜到吾意，含蓄地说，上面是有一险处叫“云关”。

三个台客，却有九个主人陪同：他们是浙江大学骆寒超教授与夫人，作家叶坪，文联的女作家杨旸、董秀红、翁美玲，摄影记者江国荣、余日迁，还有导游吴玲珍。后面六位都是温州的金童玉女，深恐长者登高失足，一路不断争来搀扶，有时更左右掖助，偶尔还在险处将我们“架空”，几乎不让我们自逞“健步”。就这么“三人行，必有二人防焉”，一行人攀上了洞景区。

雁荡山的身世历经火劫与水劫，可以追溯到两亿三千万年前。先是火山爆发，然后崩陷、复活再隆起，终于呈现今日所见的叠嶂、方山、石门、柱峰、岩洞、天桥与峡谷，地质上称为“白垩纪流纹质破火山”。另一方面，此一山系位于东南沿海，承受了浙江省最丰沛的雨量，尤其是夏季的台风，所以火劫亿载之后又有流水急湍来刻画，形成了生动的飞瀑流泉，和一汪汪的清潭。

我们一路攀坡穿洞，早过了山麓的村舍、菜圃、浅溪、枯涧。隔着时稀时密的杉柏与枫林，山颜石貌蚀刻可观，陡峭的山坡甚至绝壁，露出大斧劈、小斧劈的皴法，但山顶却常见黛绿掩蔽，又变成雨点皴法了。有些山颜石纹没有那么刚正平削，皴得又浅又密，就很像传统的披麻皴。这种种肌理，不知塞尚见了会有什么启发？

除非转弯太急或太陡，脚下的青石板级都平直宽坦，并不难登。南雁荡海拔一千二百五十七米，不算很高，但峰峦回旋之势，景随步移，变幻多端，仍令人仰瞻俯瞰，一瞥难尽其妙。云关过了是仙姑洞，忽闻铁石交叩，铿铿有声。原来是骡队自天而降，瘦蹄得得，一共七匹，就在我们身边转弯路过，背篓里全是累累的石块。骡子的眼睛狭长而温驯，我每次见到都会心动，但那天所见的几匹，长颈上的鬃毛全是白色，倒没见过。

骡队过后，见有一位算命的手相师在坡道转角设有摊位，众人便怂恿我不妨一试，并且围过来听他有何说法。那手相师向我摊开的掌心，诠释我的什么生命线啦、事业线啦、感情线啦都如何如何，大概都是捡正面的说，而结论是我会长寿云云。众人都笑了，我更笑说："我已经长寿了。"众人意犹未尽，问他可看得出我是何许人物。他含糊以答："位阶应该不低。"众人大笑。我告诉大家，有一次在北京故宫，一位公安曾叫我"老同志"，还有一次在乡下，有个村妇叫我"老领导"。

过了九曲岭，曲折的木栏一路引我们上坡，直到西洞。岩貌高古突兀，以丑为美，反怪为奇，九仞悬崖勾结上岌岌绝壁，搭成一道不规则的竖桥，只许透进挤扁的天光，叫洞天，是天机么还是危机。我们步步为营，跨着碇步过溪。隆冬水浅，却清澈流畅。不料刚才的骡队又迎面而来，这次不再是在陡坡上，而是在平地的溪边，却是一条杂石窄径。骡子两侧都驮着石袋，众人仓皇闪避，一时大乱，美玲和秀红等要紧贴岩壁才得幸免。

终于出得山来，再度登筏回渡，日色已斜。砾滩满是卵石，水光诱人，我忍不住，便捡了一块，俯身作势，漂起水花来。众人纷纷加入，捡到够扁的卵石，就供我挥旋。可惜石块虽多，真够扁够圆的却难找。我努力投石问路，只能激起三两浪花。其他人童心未泯，也来竞投，但顽石不肯点头，寒水也吝于展笑。扫兴之余，众人匆匆上车，向两小时半车程终点的北雁荡山火速驶去。

3

当晚投宿岭头的银鹰山庄。抵达时已近七点，匆匆晚餐过后，导游的小吴便迫不及待带我们去灵峰窥探有名的夜景。气温降得很快，幸好无风，但可以感觉，摄氏温度当在近零的低个位数。我存和我都戴了帽子，穿上大衣，我裹的还是羽毛厚装，并加上围巾，益以口罩。暖气从口罩内呼出，和寒气在眼镜片上相遇，变成碍眼的雾气。前后虽有两支手电筒交叉照路，仍然觑不分明，只好踉跄而行。

终于摸索到别有洞天的奇峰怪岩之间，反衬在尚未暗透的夜色之上，小吴为我们指点四周峰头的暧昧轮廓、巧合形态，说那是情侣相拥，这是犀牛望月，那是双乳倒悬，这是牛背牧童，而势如压顶的危岩则是雄鹰展翅。大家仰窥得颈肩酸痛，恍惚迷离，像是在集体梦游。忽然我直觉，透过杉丛的叶隙，有什么东西在更高更远处，以神秘的灿烂似乎向我们在打暗号，不，亮号。这时整个灵峰园区万籁岑寂，地面的光害几乎零度，只有远处的观音洞狭缝里，欲含欲吐，氤氲着一线微红。但是浩瀚的夜空被四围的近峰远嶂遮去了大半，要观星象只能伸颈仰面，向当顶的天心，而且是树影疏处，去决眦辨认。呐，东南方仰度七十附近，三星朗朗由上而下等距地排列，正是星空不移的纵标，猎户座易认的腰带。“你们的目光要投向更高处。”我回头招呼望石生情、编织故事的小吴和她的听众，并为她们指点希腊人编组的更加古老的故事，也是古代天文学家和船长海客的传说。“猎户的腰带找到了吧？对，就是那三颗的一排。再向左看，那颗很亮丽的，像红宝石，叫Betelgeuse，我们的星宿叫参宿四。腰带右侧，跟参宿四等距拱卫腰带两侧的，那颗淡蓝的亮星，希腊人叫Rigel，我们的祖先叫参宿七。腰带右下方，你们看，又有一排等距的三颗星，是猎户斜佩的剑，剑端顺方向延长五倍距离，就是夜空最明亮的恒星了——正是天狼星。这些星象是亘古不变的——孔子所见是如此，徐霞客所见也如此。”

4

次晨又是无憾的响晴天，令人振奋。越过鳞鳞灰瓦的屋顶，巍巍两山的缺口处，一炉火旺旺的红霞托出了金灿灿的日轮，好像雁荡山神在隆重欢迎我们。下得楼去，户外的庭院像笼在一张毛茸茸泛白的巨网里，心知有异。美玲、杨旸、秀红等兴奋地告诉我存和季珊，昨夜下了霜。难怪草叶面上密密麻麻都铺满了冰晶。跟昨夜的繁星一般，这景象我们在台湾，尤其久困在都市，已经多年未见了。

雁荡山的地势变化多姿，隔世绝尘，自成福地仙境，远观只见奇峰连嶂，难窥其深，近玩却又曲折幽邃，景随步转，难尽全貌。正如苏轼所叹，不识真面目，只缘在山中。难怪徐霞客也叹道："欲穷雁荡之胜，非飞仙不能。"古今题咏记游之作多达五千篇以上，仍以《徐霞客游记》给人的印象最深。徐霞客曾三次登上雁荡山，首次是在明代万历四十一年（一六一三年），当时才二十八岁。大家最熟悉的他的《游雁荡山日记》，常见于古今文选，就是那年四月初九所记。

5

我对温州的年轻游伴们说：温州之名，在台湾绝不陌生，台北市南区的不少街道，久以温州及其所辖的县市命名，其中包括瑞安街和泰顺街。我有不少文坛、学府的朋友，都住在温州街的长巷岔弄。他如青田、丽水、龙泉、永康等街，也都取之于温州的近邻。至于散文大家琦君，名播两岸，更是温州自豪的乡亲。

温州人好客，美味的馄饨常温客肠。我为他们的文联盛会演讲，又去当地闻名的越秀中学访问。他们带我和我存母女先后参观了永昌堡、发绣、瓯绣、瓯塑。我特别向瓯绣的“省级大师”林媞致意，感谢她把我《乡愁》一诗的手迹刺成瓯绣。有一天他们特地带我去参观谢灵运遗址“池上楼”，凭吊“池塘生春草，园柳变鸣禽”的千古名句，并承“博雅茶坊”主人伉俪接待，得以遍尝白糖双炊糕、灯盏糕、芙蓉糖、冻米糖之类的名点。

6

一月十五日，不拜山了，改去朝海。四十多座岛屿组成的洞头县，浮列在东海上等待我们。七座休旅车上了“灵霓北堤”，车头朝向东南，以高速驶过茫茫的海面，一边与海争地，要填来扩充市区，一边插竿牵网，培育螺蛤之类，养殖海产。没料到海阔堤长，过了霓屿和状元坳，跨越了许多桥后，才抵达洞头岛。当地县政府的邱顾问带我们一行攀上陡峭的仙叠岩，俯眺东海。在苍茫的暮霭中，他向南指指点点，说对面近海的一脉长屿也叫“半屏山”，那方向正遥对台湾，“像和你们高雄的半屏山隔海呼应。”又说洞头县民会讲闽南话，原是福建的移民。此时岩高风急，浊浪连天，令人不胜天涯海角、岁末暮年之感。指顾之间，夕照已烘起晚霞，主人说不早了，便带大家回车，准备去市内晚餐。车随坡转，我恋恋回顾酣熟的落日，才一瞬间，咦，怎么日轮满满竟变成了月钩弯弯，缺了三分之二，唯有金辉不改。惊疑间，过了五秒钟才回过神来。“是日食！快停车！”大家一齐回头，都看见了，一时嗟叹连连，议论纷纷。这才想起，温州的报上已经有预告，说今天下午四点三十七分日环食会从云南瑞丽开始，而于四点五十九分在胶东半岛结束，至于大陆其他地区，则只能见到日偏食，甚至所谓“带食日落”。果然，在我们的车窗外，越过掩映丛丛芦苇，几分钟后，那艳金带红的“日钩”就坠入暮色苍茫里去了。想此刻，月球上不管是神或是人，一定也眺见地球的“地食”了吧？

7

温州简称为瓯，瓯江即由此入海。河口有大小三岛，最里面的最小，叫江心屿，隔水南望鹿城市区，北邻永嘉县界。王思任的游记《孤屿》说：“九斗山之城北，有江枕曰孤屿，谢康乐所朝夕也。屿去城百楫，东西两山贯耳，海潭注其间，故于山名孤屿，而于水又名中川。”临别温州前一日，伴我和妻女共登雁荡的主人，加上文联的曹凌云主席，又伴我们游岛。

天气依然晴艳，像维持了七日的奇迹。码头待渡，我们的眼神早已飞越寒潮，一遍遍扫掠过岛上的地势与塔影。最夺目的是左右遥对的东塔、西塔。左边的西塔就像常见的七层浮屠，但是东塔，咦，怎么顶上不尖，反而鼓鼓的有一团黑影？日迁、国荣、美玲一伙七嘴八舌，争相解释，说那是早年英国人在塔旁建领事馆，嫌塔顶鸟群聒噪，竟把塔顶毁掉，不料仍有飞鸟衔来种子，结果断垣颓壁中却长出一棵榕树，成了一座怪塔。

登上江心屿，首先便攀上石级斜坡，去探东塔虚实。果然是座空塔，一眼就望穿了，幻觉古树老根，有一半是蟠在虚空。江心孤屿，老树还真不少。南岸有一棵，不，应该说一座老榕树，不但主干上分出许多巨柯，每一柯都霜皮铜骨，槎丫轮囷，可以独当一面，蔽荫半空，即连主干本身也不容三五人合抱，还攀附着粗比巨蟒的交错根条。园方特别在其四周架设铁栏围护。如果树而能言，则风翻树叶当如翻书页，该诉说南北朝以来有多少沧桑，诉说谢灵运、李白、杜甫，以及文天祥如何在其浓荫下走过。园中还有棵香樟，主干已半仆在地上，根也裸露出半截，却不碍其抽枝发叶，历经千春。其侧特立木牌，说明估计高寿已逾一千三百年。

游园时另有一番惊喜，不，惊艳。真正的惊艳，因为她依偎在墙角，毫不招展弄姿，所以远见浑然不觉，要到近处才蓦然醒悟，是蜡梅！树身只高人三两尺，花发节上，相依颇密，排列三层，内层赧赧深紫，中层浅黄，外层辐射成鳞片，作椭圆形。傲对霜雪，愈冷愈艳，真是别具一格的绝色佳人。我存凑前去细嗅，季珊近距去摄影。我也跟过去一亲香泽，啊，何其矜持而又高贵，只淡淡地却又自给自足地轻放幽香。那香，轻易就俘虏了所有的鼻子与心。同游有人要我唱《乡愁四韵》，更有人低哼了起来。

岛上古迹很多，除江心寺外，尚有文信国公祠、浩然楼、谢公亭、澄鲜阁等。江心寺壁上有不少题词，王思任《孤屿》文中述及："方丈中留高宗手书'清辉'二字，懦夫乃有力笔。"我对文天祥祠最是低回，在他青袍坐姿的塑像前悲痛沉思，鞠躬而退。祠中凭吊忠臣的诗文不少，我印象最深的是乾隆年间秦瀛所写七律中的两联："南渡山川余一旅，中原天地识三仁。誓登祖逖江边楫，愤激田横岛上人。"

谢灵运公认为山水诗起源，所咏山水如《登池上楼》《游南亭》《游赤石进帆海》《晚出西射堂》等，多在温州一带；至于《登江中孤屿》一诗，描写的正是江心屿。但这些山水诗中，记游写景的分量不多，用典与议论却相杂，则不免病"隔"。因此像"孤屿媚中川，云日相辉映，空水共澄鲜"之句，已经难得。

我常觉得，中国水墨画中对朝暾晚霞，水光潋滟，往往无能为力；西方风景画如印象派，反而要向中国古典诗中去寻求。

余光中

当代诗坛健将、著名批评家和优秀翻译家，驰骋文坛已逾半个世纪，涉猎广泛。2012年受聘为北京大学“驻校诗人”，2015年获得第13届花踪世界华文文学大奖。

夜色渐凉

钟怡雯 / 文

今年春天特别别扭，早上烈日灼身着短袖，下午刮风大雨厚外套；一连数日高温热得吹电扇，突然一掉十几度。伪装的夏天说走就走，变脸比翻书还快。开始我不太相信还观望着，薄衣撑着，实在受不了只好把洗好的冬衣翻出来。天气就在夏冬之间跳跃，哪来的春风拂上我的脸？在台湾住了二十二年，今年四月让人无所适从。聊天气突然变成朋友的主要话题。暴冷暴热的天气很考验身体，市区那家有名的耳鼻喉科每回经过都挤满人，身边总有人戴着口罩哈啾擤鼻涕，总有人说我感冒了然后抱怨，烂天气。

最为难的是睡眠。冬被凉被都不对，没那么冷，盖不住棉被；凉被太薄，遂得外加薄毯，厚被堆床边省得半夜又冷了。要不，就把凉被加薄毯摆一边，有几回半夜热醒翻出家当，梦早远走，连个影子都没。睡觉变得很仪式很大阵仗，被升等论文折腾得倒头就睡的本事没了，如今被睡眠蹂躏得很彻底，重回十几年前垂钓睡眠的日子。

或许不能全怪天气。

一月中从巴黎到普罗旺斯，再转往佛罗伦萨时，在缠绵的意大利语里，开始了莫名其妙的颠倒睡眠。

出去旅游从来没时差，能吃能睡，连坐地铁短短十分钟也能入梦。到巴黎那五天照例晚八朝五——八点睡凌晨五点醒，那是旅行时身体的睡眠调节——只要在旅馆，我的生理时钟就变成农民，变成祖父母，他们都是晚八朝五或晚八朝四的农业时代人。

上天赐我趴趴走的体质，为此离家总是毫不迟疑，逮到机会就走。二十二年前来台全无乡愁，三年之后第一次返马，竟在自家床上失眠。家是久住不得的，远走他乡也行，旅行也罢，总而言之，就是要离家，抛家弃夫或弃猫弃鱼都很好。无法弃夫那就带着为夫的一起走吧，管他去哪里管他海角天涯。

再不走，就要枯萎了。

我被那没完没了的论文劳作折磨得对生命起了极大的怀疑。睡得很死精神很好，心却破了个大洞；灵魂萎缩干涩，没水没光泽像沙地久曝的果核。果核活着，可是看来已死。写论文，教课，打扫，煮饭，运动，规律生活。把心拴好，把飘忽的眼神收回，封锁感情，当个没血没肉的人。做事非常有效率，心无旁骛，像机器。

生活机器，本能地活着。

有时对人事动怒，还有些诧异，咦，还像个人，还有人的气息嘛！全神贯注做一件事没有不好，连情感起伏都管得住，近四十岁的我才有这等本事，如果这算智慧，可是用青春抵押而来，何其不易。然而总有低潮，被论文煎熬完全没进度，甚至后退——论点没办法开展，无法穿透资料，论述没活力没新意，打算投降。电脑前的枯坐换来头痛，头痛让人心情低落。温暖的蓝天尤其让我心痛，该去郊游晒太阳，而不是抽象演绎，把颈椎腰椎蹂躏得左弓右弯，把活人变成活死人。所有的等都升完，身经百战的教授早被折腾得没了人气，垂垂老矣。不是人老，而是心老，脸上无光无热，神气萎缩，只有研究室这小而黑的象牙塔是栖身之地，世界只剩电脑。这跟成日面对着游戏机打电动的虚拟时代有什么差别？对学术的热忱有时全然熄灭，觉得那是个没有光的所在，我真的要使尽力气走进去吗？

虚度光阴。这感觉很坏，乃陷入存在主义式的焦虑。然而，这些汹涌的感觉或情绪，全被我用意志力把它们压到最底层。到十八层地狱去吧，抵死不让它们入梦。我的梦土，要花开满谷，阳光灿烂，不要乌云不要阴雨。

遂无梦。梦说做梦岂是自由意志，岂能由你要或不要，立刻掉头走远。无梦的日子我是个两眼空洞的人，每天都做白日梦，对着电脑想象虚幻的未来想象远方。学期没结束，立刻收拾行囊走人。管他欧洲冰封在大雪里，对我而言，那是一片白茫茫的干净大地，十几个小时的飞行时数够远，足够把现实丢开。再不远走，人都霉烂了，像阳台的大理菊，才到我家两周便忧郁而死。那阵子天天浓雾阴雨，它临死前的枯槁身形和哀伤眼神充满警惕。那是我的倒影。

匆匆告诉母亲我要远走，她试探性地问，你是一个人，还是两个人去？她心里有阴影，一听到我要出去就问，是两个人一起去吧？半强迫的语气，她的意思是说，出去得两个人，不准一个人走。她还没从我青春期离家的阴影走出来，都二十几年了。可怜的母亲，当年肯定被女儿吓坏了，她忘了我早没青春可以挥霍，没有本钱可以重演离家的戏码。母亲到现在都不了解女儿，从来没有。她太单纯。父亲问，欧洲下大雪，一定要去吗？不可以改时间？父亲这么一问，我就去意坚定。

始终不明白我在抵抗什么。朋友说，你该生个小孩，快，趁还来得及，那是你跟父亲和解的最好方式，有了小孩就会明白做父母的心情。我不明白身边的这些人，他们都觉得我的生命有缺憾。欠父亲一个和解，欠小孩。还有长辈干脆明说，你什么都有了就少一个孩子。他们都在暗示，我是个不完整的女人，而且，还有机会变完整，或者完美，得好好把握。一定要把握。

哎，我从不要求完美。生命本来就该有遗憾和欠缺。我已经到了感谢遗憾和欠缺，垂首答谢磨难和病痛的年纪，如果可以要求，那么，亲爱的神啊，请给我更多的自由。从小到现在，甚至到老死，这都是我一辈子欲求不满的追求。

于是到了心理距离最遥远的欧洲。第二次到巴黎，不太陌生也不算熟，有限的法文刚好让我卸除情绪的武装，安心乱走。需要一个适合散步和走长路，没人会打量我一眼的旅游城市，成为冬日街道的一景，被人群吞没，慢慢走。

从来习惯快步走路，快速入睡，还得睡得少而好，以便可以更快速处理做不完的事。很有效率，于是更多的事情将我掩埋。有效率是我最大的缺点。

管他的效率管他的走马看花，当个肤浅的观光客吧，学术太有深度太严肃，让我精神衰竭。反正没有目的地，迷路就迷到天黑，走到不能走了拖步回旅馆，把力气用尽的身体摔床上，睡到自然醒。反正有大把时间，不用煮饭做家务，没人会给我电话，缓慢地把巴黎五日杀掉就是。

第三天却不知怎么曲折地走进了卢森堡公园。公园异常安静，厚实的新雪，冻结的空气，树的灵魂都冬眠了，光秃的枝丫线条干净利落，锐利地指向灰蒙天空。跟几只雪地相逢的大小狗玩了一会儿，跟它们的主人打过很淡的招呼。二十世纪二十年代尚未成名的海明威就在这里饿着肚子撑过午餐时间，对大他八岁的第一任妻子哈德莉宣称吃过午饭，而且吃得很饱。那样贫乏的生活却很有元气。二十五岁，爱情和生命还有很多可能，他无法想象不很久的未来，会有第二第三，甚至第四段婚姻吧？第三次的婚姻在四十一岁，跟我同样的年纪。

我的未来那么安稳，触手可及，这让人安心，也让人害怕。

昨夜沉睡时，大雪下在巴黎的梦里。有一些现实的残渣越洋而来，很快被我清理掉了。站在这里，跟萧瑟的冬日街景一样干净，情感往内缩，原来想释放的躁动消散。寒气让人清醒，多年来总是在最冷的冬日离开台湾，去更冷的地方，凭空蒸发。台湾黏稠的湿冷令人厌倦，像剪不断的人际网络，逼人逃离。

积雪很厚，寒气逼到脚底。不知道海明威穿什么鞋，怎么耐得住下着雨雪，总有尿味的肮脏街道？如果不是对未来有强大希望，他能耐得住这灰蒙黯沉，看不到未来的冬季吗？如果不够年轻，他有力气超越眼前的煎熬？他能挣脱生命的牢笼吗？最终他跟父亲一样，举枪自尽了啊！

我在公园散步，一整个上午对着桀骜的枯枝发呆，终于明白海明威为何老是要躲进咖啡馆和酒馆。这世界太冷，谁要去思考形而上的存在问题，或者生命的意义？不如来点咖啡和酒，这两物都让人心生幸福和温暖的假象。唉，没有幻象，要怎么说服自己活在这艰难的人世？

我不进咖啡馆，只是经过。走过海明威走过无数次的穆费塔街，在超市买酒带回旅馆，打开窗口，跟天空对饮。然后，在室内暖气和寒气夹杀下，在酒意的温暖中滑入梦境。一直很喜欢旅馆，以及旅馆的床。那床多半洁白如雪，零时差，即使做梦，都轻盈异常，醒来即消散，如雪消融了无痕迹。

没有牵绊，不受束缚的缘故。

午睡时间太晚，喝了酒又走长路，总是沉睡。梦醒近黄昏，脸上犹有酒意未散，就那样抿紧棉被怔忡着，把剩下的酒全喝完，就不知道该做什么了。窗外日与夜交接的天色那么陌生，裹着冬衣围巾的行人埋首疾走，时间和风景从他们和我的身边流过，没有从自家的沙发或床铺转醒时的声气，没有梦痕，一时不知身在何处。

在现实和梦的交界里。

没想到南下亚维侬（Avignon）后，忽然就从悠长的梦境转醒。亚维侬。普罗旺斯奇幻的阳光。连逼到身上的冬日寒冷都被转化成热和光。被阳光抹过的房舍和山野形色饱满，那棕黄那结晶的宝蓝，连松树的灰绿都是亮的，跟赤道雾蒙蒙带着灰尘和汗意的阳光不同。山和树都在发光，线条益显干脆利落。光影对比如此绝对，谁也不能覆盖谁。打在墙上的树影是纯粹而绝对的黑。阳光不到的地方寒意欺上脸，毕竟是个位数的低温。进入阳光的怀抱就疯了似的，只会啊啊啊地赞叹，语言失去了意义，只剩感觉。

彻底被征服，这霸道又温柔的阳光。穿透性极强，那么热烈，让人猝不及防，把我收藏好，压在抽屉暗处的情感全翻出来，散落一地狼藉，散出霉味。苦日子恐怕要来了，这一地散乱究竟要如何收拾，重新归位？

每日我在街道转悠，在冬日骄阳底下慢吞吞踩过石子路，染匠街，经过大减价的商店，买水果，午餐晚餐，街景变得很熟悉。每一顿都让各种各样的起司攻占我的胃。走太多路，天冷，老觉得饿，需要高热量，很像二十五岁老处在挨饿状态的海明威。

阳光晒得我流汗，汗捂在冬衣和帽子里，捂出人的气息。

就这样开始失眠。离开亚维侬转到佛罗伦萨，规律睡眠全被打乱。八点睡，深夜两点或一点清醒。九点睡，还是一点或两点醒来；十点睡，醒来时间照旧，唉！

醒来，小而美的民宿一片漆黑，窗外是暗夜严冬。打开窗户，扑面寒气令人颤抖，清冷的星星在遥远的天边眨呀眨。被普罗旺斯阳光弄乱的情绪在暗夜里发酵，在暖气旁感受着刺骨的寒冷，等着近七点才有曙光的南欧早晨，等咖啡香把我唤醒。隔壁是仅容十人左右的迷你餐厅，六点左右开始有声响，杯盘的碰撞。烤面包和咖啡的气味渗进来，我知道朝阳已经斜斜打在餐厅那面橘黄色的墙上，墙上的爬藤都伸手去接天光。

一天，就这样开始了啊。

在这些老城市生活一切都贵，只有时间不值钱，用不着省，那就尽情挥霍吧。等公车，等火车，等时刻表上的大众运输工具令人安心，它们意外的准时，很少误点。不像台湾地区或马来西亚的等公共汽车经验，多半赔了夫人又折兵，最后投降，花钱坐计程车；计程车上懊恼着被浪费掉的宝贵时间，早知道何必白等，真是的。这里就数时间最便宜，我用得毫无节制。

从佛罗伦萨的民宿到山城西雅那得转两趟车。近两个小时的山路峰回路转，在上午的刺眼阳光中穿越葡萄园，春天还在光秃的葡萄藤里沉睡。西雅那被阳光紧紧揽着，蓝天没有白云，暖得发晕，圣母院散发着神的洁净辉光。正门的狼雕像一半献给阳光一半没入阴影，它俯视众生的神情很直接，刚烈又温柔，走到哪里那双说话的眼睛都跟着。这圣母院都是动物，狼，大象，狮子，龙或蛇。必然有神，神才会众生平等，把所有生命抱在怀里。

没睡饱，我有流泪的冲动。一直很喜欢教堂，遇见了必定进去坐一坐，许个平凡的愿，身体健康或者一夜好眠之类。这圣母院让我想在这座刚毅的小城定居，它的阳光比佛罗伦萨更透明，老建筑线条冷硬。我问服装店的吉卜赛女郎，四季都有好太阳吗这城？她说，噢不，冬季下雨下雪都很难过。她深长的美目望着广场，我们都同时赞美了阳光。

夕照中时睡时醒，经过许多山中小镇，蜿蜒迤逦回到佛罗伦萨，夜已冷。这么迢遥的山路公车竟然准时，这等待一点都不煎熬。等待黑夜过去等早餐等阳光在困乏的眉眼闪烁，这些都不难，只要时间肯往前移。

唯有睡眠。

从深冬等到初夏。睡得很乱，很零星。开始很没志气地怀念睡死的日子，可见清醒地活着是痛苦的。开学了，快节奏的忙乱日子没睡好，简直活不下去。一度我以为更年期要提早十年到，半夜总热醒，手脚伸出棉被，疑心是热潮红。那是阳光后遗症，我的脸不潮也不红，却是睡眠不足的缺氧脸色。

意外等到死亡。春天的周末中午，接到朋友病危的消息。除了怎么可能，我再也找不到句子可以反映情绪。好端端的一个人，怎么可能？发傻了几天，我感觉得到他在离开。来不及告别。医生给他病危通知还当面给他骂了一顿，没丝毫病态的朋友觉得这根本是一个开过头一点也不好笑的玩笑。

无预警的告别，生命中越来越多的离别和突然。那阵子我比卢森堡公园的枯枝还要冷峻，流不出泪。睡眠走得更远，春天如此乱无章法。夜色渐凉时，死亡伴着睡眠的焦虑一同走向我，考验我对生命的忍耐，或者妥协。

阳光明媚的日子，我仿佛看到他微驼的身影在校园行走。樱花玫瑰花开得那么灿烂，他怎么舍得？死亡躲在阳光背后，睡眠留在普罗旺斯。我会耐心等待。他欠我一个告别。告别，以及睡眠，我等着。

钟怡雯

台湾著名的马来西亚华裔文学家，多次获得各类文学奖，曾任杂志主编，著有《飘浮书房》《野半岛》《阳光如此明媚》等。

两面海洋

方秋停 / 文

太平洋和台湾海峡到底有什么不同？

这问题于南回公路上一次次被问着——

路弯转，拉出层层的山棱线，深浅绿色混着枯黄，新春已在路上。四轮迫切向东行，中央山脉盘踞，村落集聚岛屿外围。沙石与河流相互冲积，厮磨演变着各种相处形式。沿途尽览风光，也见着道路施工，河堤整修，污染河床堆累出烂泥巴。

山峦与树影尽皆沉默，云雾于其间窃窃私语，各种生活面貌纷呈——岛上繁华热闹，萧条冷清，美和杂乱一同存在着。

绕过这山，要用多少的气力和决心？东西岸阻隔着高耸的心灵界线。行至山岭尽头回转，群山退到左手边，右方则出现了另一种水蓝——太平洋以不同的洋流姿态出现。陌生的蓝，疏远的波浪，滨海公路一径清冷。午后阳光眯闭着眼，时而自云中透露温柔光芒。面海树林整排为海风修剪平整，光秃树枝仍然撑起丰美景观。视野为山海所平分，天空阴晴不定，一时阳光一时阴，蓦地细雨洒来，于车窗上留下一颗颗雨之心。一座岛屿，两面海洋，中间是屹立千年的山岭，如何推想，这海中坡岭，曾有多少生灵为存活争战。

雾气调整山岭层次，光影则于海上晃动水蓝色阶，一条深蓝贴着远处地平线——车再往前，阳光亮开，海水湛蓝，路旁房舍抹上一层釉彩。绕过台东市区，到了富冈码头，湾前泊停渡轮，渔船漆着鲜艳的蓝、红色。

褪去流行资讯，以及种种无谓的比较与追求，生命变得轻盈简单，焦虑眉头一旦放松，便神清气闲了起来。

褪下长衫，穿上短裤，于岁末以投奔热浪的心情踩进海里。指间挟着土司，卸除一切机心，豆鱼及斑纹热带鱼群聚过来，于我兴奋脚踝间厮磨点咬——啊，此情此景叫人惊异，人与自然久已丧失的亲密关系，竟存于这清寂的海边。鱼嘴一张一合，整群于我脚趾间汇集，闲适散放出磁性，吸引生灵前来驻足与流连——鱼以滑润身躯穿过我张开的指掌，喜乐自心底发出，人鱼相通感应，这情景深深植入我心。

而在不远处沙滩，赫见一整排度假饭店面朝着海，以贵气傲然挺站，外头则有抗议布条围拉起来——开发与保护声浪两相对峙——礁岩无语，鱼群回绕，惬意风光束手观望。想要伸手摸摸鱼身，又怕它逃逸无踪，珍惜与担忧两相混杂——下次再来，这一切是否还在？

回程，大海移向左手边，山岭换于右边起伏。春天的脚步靠近，枝上枯叶苏活成亮丽金黄色，粉、紫及鹅黄、艳红九重葛热闹路边。车轮随着思绪往右弯，翻越记忆及想象，重又转回西岸的生活空间——左手边海浪依然翻涌，那蓝似熟悉却又陌生——

台湾海峡和太平洋到底有什么不同？

心底又喃喃自问着……

方秋停

喜欢电影、旅行和散步，习惯临窗阅读或遐想，让花草点缀生活，
品味简单的幸福与快乐。曾获时报文学奖、桐花文学奖等，
著有《耳鸣》《原乡步道》《童年玫瑰》等。

5 时光深处的优雅

第五章

人无法靠其他事物壮大自己，“一”仅仅是如实反映出质数的自身。而那正是一种了解自我的契机，唯有如此，才终能开始面对真正的自我，在岁月的打磨中愈加光彩夺目。

冬夜，高铁下错站

许正平 / 文

我常常回家，从上大学开始，直到刚满三十五岁的现在，十几年来如此，不论我人在高雄、台北，或是目前所在的新竹。而我说的家，在台南，住着我爸爸妈妈的那间房子，不是放课后的宿舍，也不是下班后的单人出租雅房。回家，因此也就意味着，我得花上一段车程，一些时光，也许一个小时，可能四五个钟点不等，在路上，火车，或是客运巴士。当然，有高铁以后，更快了，更不颠簸，所以我回家也回得更勤快了些。

我要说的是一个在回家路上发生的故事，关于某一次我在高铁车厢不小心睡着以后的遭遇。

冬夜，从台北开往台南的最后一班列车。应该是年纪渐大负荷不了都市奔波的疲倦吧，惯例总在长途车程中睡不安稳、难以成眠的我，竟在列车还未及喷射出地底隧道以前，便毫无预警地陷入昏睡。待恍惚醒来，已听见列车到站冷静而规律的机器女声播音，像是万籁俱寂之中，突然有人在耳朵旁边放起鞭炮，吓得我抓起行李便往外暴冲。好在，来得及，于是，穿越月台长廊，下电扶梯，闸门验票，看见令人安心的7—11和Mos汉堡仍亮着打烊后未关尽的灯光，没有出错，万事万物按部就班。差只差在，后来我坐在站外的冷光长椅上鹄候了已经五分钟，早该依约前来接驳的家人却仍然不见踪影。

我抬手看表，再看一次，按照表上所指示的时间，此刻我应仍在车上，再过十分钟才会抵达台南。表停了吗？再确定一次，没有啊，时间仍然一格一格准确无误。环视周遭，应该没错，每次都是固定在这里等待家人接送的。然而，随即有两幅LED灯看板在我的脑袋里闪烁如花，那些灯泡排列组合成的字样分别是，往嘉义，往朴子，刚才搭电扶梯下楼时往透明落地站墙外看时瞥见的，刚才，我还想，高铁真是越来越贴心了，居然还能从台南接驳到嘉义那么遥远的所在。当下我全明白了，不是高铁贴心，而是我根本糊里糊涂提早下车而不自知。但，怎么可能呢？如果下错车，怎么可能在我通过月台来到站外长椅的重重关卡中都没有察觉？

我回头看了看占据所有夜色的庞大车站，重新想一遍这不到十分钟的过程里我经过的每一个地方、每一处细节，可怕的事实终于暴露在眼前，高铁嘉义站和台南站竟然长得一模一样，从月台、验票口、电扶梯的配置，建筑的结构、色泽，到甚至便利商店、速食店、书店的位置与店名，无一不同。不是我的错，而是所有我经验到的并无法让我区别嘉义和台南、此处与彼方有任何的不一样，唯一的暗示是那两幅黑暗中金烁烁的LED灯，而我竟然误读了它们善意的提醒，噢呜。

如果在冬夜，一个旅人，下错车站，他的故事可能会从一趟写实的归乡旅程，即刻变成一则错乱、荒谬的魔幻惊悚故事。卡尔维诺别开玩笑了，这不是好整以暇享受歧路花园般的小说乐趣的时刻，而是我真实的血肉人生啊。我呜呼看天，只看见暗中，天给我一个LED光组成的神秘微笑。

以下是我离开高铁站的过程，亲爱的，很容易吗，一点也不。我先以手机联络预定前来接我的家人，对方一听嘉义，表示爱莫能助，远水与近火。然后，我冲进车站大厅，那里人多，总有办法，但，那些亲切微笑很高兴为你服务的站务员、售票员、超商店员全部人间蒸发，昏暗空荡的车站大厅内只有一个正在拖地的阿姨，面对突兀的闯入者，警戒如猫看到吸血鬼，说：先生！有事吗？我们关门了。

关门！什么意思？

要搭车的话明天才有哦。

小黄呢？最后一班车过去以后，鸟兽散了。我站在寒风中，庆幸自己还记得××大车队的全省叫车专线，而不是达美乐或麦当劳的外送电话。等待确认叫车的过程中，高铁站的警卫骑着脚踏车，经过我的身边。他停了下来，说话，我看看两旁，没有其他人了，他应该是在对我说话，问我怎么还在这边，没有车了，连接驳车、计程车都没有了哦。我告诉他，我知道，等一下就有人来载我了。警卫点点头，离开了，同时，电话对方的女声发话，很抱歉，现在附近没有车能过去载你欸。这，这是高铁站，最新颖的高科技都市之心啊，又不是荒郊野外，怎么会没有车来。电话挂断了。二十分钟后，在我拨出不知道第几通全省叫车专线时，警卫先生再度经过我的身边，说话，我看看两旁，仍然一个人影都没有，所以他是在问我：你确定真的会有人来载你吗？我听着电话中等待时常常会重复着一遍又一遍的罐头音乐，回答警卫：嗯，我也不确定欸。

停顿，三秒钟吧。噢，然后警卫发出声音，那表示他明白了，我等着，等他为我伸出任何一根可堪攀扶的浮木。噢，他又噢了一次，所以——然后，他骑上脚踏车，骑远了。噢，然后呢？我愣在原地，电话中的女声第N次对我的叫车请求说抱歉，朔风野大，连LED灯都熄灭了的高铁站啊，果真是一处荒凉空茫的所在。平日在课堂中、理论里读着全球化造成地方感的陷落时，总不免仍侥幸想着，如果全世界的杂货店都被7—11统一了，好像也没有什么不好嘛，至少当我去到某个陌生之地时，还能买到吃到让我安心熟悉的物事，现在我知道了，那种安心熟悉必须保证在整个流程都不出错的状态下进行，若流程中不小心出了什么错，科技所保证的人性会刷地换上一副晚娘面孔，捡起那个歪斜残缺破损的，远远狠狠将之丢到世界的外头去。

不过，科技还是在这个故事的结尾发生了一些作用，那是我最后能想到的，用新买的iPhone上网Google到一家本地的计程车行，而对方用粗鲁的显然没有经过客服训练的男人声音回答我，好啦，我随过，十分钟。我就不说，当我从黑暗中看到那唯一一点会动的灯光缓缓向我靠近时内心的激动了；也不说当那台破破旧旧的小黄把我载到同样脏脏烂烂的嘉义火车站时看到站内昏昏黄黄的灯火那种泫然欲泣的感动了。我知道，至少那盏灯不会熄灭，可以让我在里头待上一待。我倒是可以说说，当我搭上清晨五点自嘉义开往台南的区间车时，在车上沉沉睡去时所做的梦。

那是一次真正的睡眠，真正因倦极后而有的安稳沉睡，也是整个故事中最魔幻的一段。梦中，我站在家乡小镇的稻野平原上，平原和我小时候记忆中的样子已经不同了，多了一条长长的灰色大桥横越过稻田的上空，那是高铁哦，已在上一个世纪被时间抹去的阿公站在我的身边说，高铁，咻一下，就过去了哦。轰隆轰隆的，我听到一种巨大而低沉的声音朝我接近，于是急切地踮起脚尖想看清楚，那风风火火奔过来的东西究竟是什么，然而，咻一声，轰隆声便远去了，我什么都没有看见，只有那条长长的灰色大桥依旧高高横越过平原上渐渐发亮的天空。

没有啊，我说。阿公没有回答，他也从我的梦境中消失了。

注：小黄，指小而黄的机动车。

许正平

台北艺术大学戏剧所戏剧创作组硕士，写作文类横跨剧本、小说、散文，曾获时报文学奖、台湾文学奖等。著有《双城纪失》《家的妄想》《水中之屋》等。

兰花辞

周芬伶 / 文

如果这是逃亡路线，我是不是来到终点？

这屋子与院子种了些花木，园丁说门口种竹是对的，竹报平安。那院子进来的那棵梅树怎么说？还喜上眉梢咧。梅兰竹菊四君子全到齐，我不排斥这文字游戏与迷信，遂在后院弄了个迷你网室养兰，却连养兰的常识也没有，把兰花晒得纷纷死去。

现在只剩菊了，但我对菊花没感觉。

对你渐渐也没感觉。

我想我会死在这个终点。

搬到这房子天天躺在床上呻吟，其时还是夏末秋初，天气蒸热，房间到了下午严重西晒，我感到身体日渐朽坏干枯，如同这个行将朽坏干枯的老屋。

过了五十，该有的都有了，连儿子也回到身边，一切太像梦，让人罪恶，人生再无目标，这就是所谓的终点吗？

有时状况坏的时候很想把抽屉里所有的药一起服下，这样的念头越来越强烈。

或许不配过这样的生活，幸福对我而言太沉重，自己做自己的心理医生常常是死路一条。

撑到最后挂了门诊才知病情加剧，药量压不住。这是因剂量不足而引发的种种不适，原来如此简单。果然加重一倍药量，恢复正常作息。

连一点刺激都受不住，身体脆弱如纸糊人。

多年来拒绝接受是病人，说自己只有口干症，只需要一点八仙果与一些肌肉松弛剂。

医生说，阳光让病情加剧，而这个夏天特别长。

是啊，从七月到九月，每隔一天或两天，在盛大阳光下奔走于中港路上，为了定时浇花浇草，通常过午到达，等到太阳西斜才浇花，这应该是件愉快的事，但等待的时间觉得房子像火烧，汗流不止，进入还在装修的房子，感到黑沉沉的忧郁。

原来连阳光都晒不得，就像走廊上的兰花，因过多的阳光折了腰萎了花瓣，一点也无花的形貌神采。

只有摆在客厅中的白兰花，来了四个月还硬挺着一路开花，常来的客人都说："这花都不凋，是假花吧？"好像为了反驳，不久又生出两个花苞，彼时已入冬，阳光甚少来访，寒流低至五六度，窗户紧闭，一室黯然，越多的阴影让它越强壮。

我就像那兰花，因天凉后，身体日渐好转，还吐出两个花苞。

那是黑暗的花苞，因无光无温长出的苍白之花。

芝兰之屋满室幽香已成笑话，现在台糖的温室兰花像纸鹤般无声无息地开，鼻子凑再近都没用。

背向你很久了吧，没有罪恶感的我，自觉良心破了大洞。

先背向异性，再背向同性，再背向异性，也许我两者皆是，两者皆不是，情感自有它的纹路，岔出去并非到头，而是再岔出去又岔出去，如同掌纹，直到纹理淡去。

你包藏着自己的欲望，逃到陌生的城镇，也许连有没有欲望都不确定，是不是背叛也还说不定，因为还有联络，你的东西还在他（她）那里，他（她）的东西还在你这里。

需要确定的实在太多，就让它悬宕，如同一封封寄出的电子邮件，常常没回音，而你也不想回。

活越久叛逃的人越多，时间越久，再也分不清谁是叛逃者，谁是被叛逃者，反正我们都是孤身一人，在不同的城市拥抱各自的孤独，有什么差别呢？

所有道德的谴责到最后都跟掌纹一样越岔越淡。

剩下的只有草原上的风，街道上的雨，还有各自拥有的窗口。

你的窗口紧闭，一丝风也透不进，还加了遮光帘，你不需要光也不需要空气；而我的窗口明亮，窗外有花木草原，大量的光线与风沙像海浪涌进来，但我没比较快乐，跟你一样日日老去。

连性别也不那么重要，人到一个年纪，女身男倾，男身女倾，再也无分别。

一切无分别，事物的两面性，其实只有一体，痛苦与快乐，幸与不幸，男与女，生与死，皆无分别。

哟！说是这样说，我还没老到看破一切。

现在的小孩，性别不再是问题，双性才是麻烦，先爱男人再爱女人，或爱女人之后才确定爱男人，或者电流乱窜，爱上网恋，三劈四劈，婚外情或老少恋。

网恋最可怕的是，若有似无，只要离开电脑几天立刻折损，或者不宅之后，也就没电了。

有一度我跟同性站在一边，甚至幻想建造自己的王国，现在想来那是如何虚幻的乌托邦。

或者只是老到没有性欲也没有性别。性欲对于任何性别都是平等的，早则五年，晚则十年，还在一起的伴侣都过着无性的生活。

异性恋者有了孩子，先是一个孩子夹在床中间睡，生了两个，各拥一个睡不同房间，孩子长得好慢，可倏忽过了十几年，无知觉长期中止性生活，许多夫妻都是这么过来的。

至于那同性的本不以性欲为主，主要是生活的伴侣，一起买菜比一起做爱更幸福圆满，久而久之，也只剩睡在一起的形式。

你开始厌恶水汪汪的眼睛，动情的嗓音，颤抖的嘴唇，香水太香，费洛蒙比灰尘可怕，危机四伏，超短迷你裙下少女白艳又纤细的腿，你从不知那有多煽情，或者少男的眼镜后那双充满肉欲的眼睛，这世界太色情了，让人躲无可躲。

那晚学生来过圣诞夜，饭后玩“真心话大冒险”，你尚且还不知那是什么游戏，真心话就开始了。话语一旦被说出，意义开始分歧，语言的开始就是延异、差异、延宕、衍异……所谓的真心话跟真心往往没关系，跟冒险比较有关。

那夜之后我急需心理治疗，找“70后”问：“你们玩真心话吗？”

“玩啊，总有十来年了，青春期的小孩才玩，你学生有退化的倾向。”

真的没有纯纯的爱，纯纯的小孩，连纯爱小说、漫画都不纯。

这彻底杀伤我对学生与儿子的迷恋。

我对儿子说：“没有承诺不要占女孩便宜。”

儿子说：“你不要管那么多。”

我辈就是退化，就是爱纯纯的爱，时代的特产，连爱也变得苍白恐怖，也就是爱在心里口难开，不敢真心的年代，男女约会连手也没敢碰，共撑一把伞就算达到高潮。

我真的好喜欢纯纯的爱的纯纯感。

如果说是真的纯纯，那么为何在月经不来时如大病一般难过？或者因纯纯的花言巧语轻易献身？或等到中年才欲火焚身也焚了一生，毁家离散，还不懂什么是长宽，什么是中出？

从经期开始紊乱，开始无止尽逃亡，像亡命之徒般不知死活，只为追逐一盆畏光无温的白兰花。

而你逃往的城市，不知是被弃还是弃人抑或是自弃，把自己吃成八十公斤或饿成四十公斤，过胖与过瘦，都是受伤的标记。

日日，你在停车场学骑脚踏车，五十岁才学会不掉下来，六十岁上路，七十岁要骑去哪里？坟墓或养老院？那时我会骑在你之前或之后？

而另一个你，先是开车载着父母去看病，之后载情人，再载儿女，你真爱当司机，那让你觉得像个男人，曾经我坐在你的旁边，去追梧栖的落日，冲向脸盆大的红太阳，车速飙到一百二，像鸳鸯大盗一路狂喊：“就这样死了算了。”

我曾经那么喜欢你，因为你给我纯纯的爱中的真纯。

但已经不纯的我不要了，写爱通常只写一半的我，是爱的残障者。

从来没有好好完成一场爱，总是中场退出，让赛事悬宕。也许感情就是这样的疯狂开始却无疾而终。

很多事都是悬宕，无疾而终，譬如说种花吧，初来时院子杂草高一两尺，都是俗名“恰查某”之类有刺的野生植物，请园丁来处置，三两下就清除，他总有六十几了吧，说话很文雅，我爱死他的园艺哲学，因为他让它变得简单，让我的黑手指变绿手指，他说：“种花就是这样，你付出的都看得见，它会回馈你更多，每天十五分钟拔杂草，一天都不能停，杂草刚长出来一摘就掉，长大了就拔不掉，园艺就这么简单。”他让我了解种花先从拔草开始，于是乎每天拔“恰查某”我都快变成“痟查某”，好不容易维持良多莠少的局面，却忽视了酢浆草，不是说是幸运草吗，如海般的草浪也许藏着四瓣幸运草可以许好多愿望？好肥的幸运快跟玫瑰花一样大，吞掉长春花与韭菜兰，眼看铃兰也快淹没，它们的生长速度惊人，才一晃眼，就像消波浪一样吞没整个草地，我妹来时说：“真正的花园，连酢浆草也不该有。”我妹是高纯度的女人，她的严谨精确与我恰成对比。

所谓的莠草就像是非理性的力量或是艺术的假货，远看完全看不出来，还以为绿草已连天，过去我将爱情视为玫瑰，勤心浇灌，拔去一切莠草，以为这样可以拥有爱情；现在觉得情爱就是莠草，无法无天地蔓生，有一天，你已没有力气了，不狂野了，才明白爱情包含玫瑰与莠草，相倚相生，没有玫瑰哪来莠草，莠草是吃玫瑰的肥长大扩散的，你见过没有酢浆草的草原吗？那就不用拔了，不如学习韭菜兰，看来像莠草其实是幽兰，在隐秘的树林中短暂地吐着小紫花。

朝饮木兰之坠露兮，夕餐秋菊之落英。

苟余情其信姱以练要兮，长颇颔亦何伤？

掔木根以结茝兮，贯薜荔之落蕊。

矫菌桂以纫蕙兮，索胡绳之纚纚。

诗人为拯救蕙兰，陷入苦战，直至憔悴欲死。

如此我想放弃拔莠草。

爱情的消退如今更快了，一段感情能维系十年算是小永恒了。你与她的感情迈入十年，很少打电话，偶尔吃个饭，可以想见会越来越淡，只差没有说出口。

年轻时什么都要说明白，结果闹得一个自杀，一个远走他乡，闹翻半个地球结果还是跟她在一起，现在学乖了，不说真心话。

也许现在年轻人只是较敢说，本质上没有不同，知道很多但一样保守，感情从来只有除旧没有布新。

说话的方式改变而已，人越老越知道真心话说不得。

我想对你说真心话，但我做不到。

只有走进网室，补救那几盆兰花，记得父亲以前在家乡顶楼搭兰花棚，罩着一层黑色的滤光网，不如先拿蚊帐来挡一下吧！将白色的纱网折成好几层，遮在兰花受光的那面落地窗，虽然不雅观，似乎救回一些，几盆蝴蝶兰开得蛮像样的。

在那个南部小镇很奇怪地大家染上养兰热，许多人院子里都搭有兰花棚，亚热带的毒辣阳光是第一号天敌，父亲勤于浇水不懂照顾，常常是到期不开花，只有绿叶常青，每到年节，各式各样的兰花展在农会或镇政府盛大举行，才八九岁的我挤在人群中钻到最前面瞻仰兰花，夺冠的一律是嘉德丽亚兰等洋兰，西化年代连花也崇洋，花朵大至十几厘米，牛头似的头角峥嵘与你相望，也有那如仙度瑞拉的玻璃鞋般的拖鞋兰、红孔雀鸟形的鹤顶兰、密布斑点或网纹的万代兰像有雀斑的淘气阿丹、跳弗拉门戈的舞娘摆动裙角的文心兰，还有偷擦胭脂的石斛兰等，那时本土蝴蝶兰还未成主流，中国兰也是配角，如今本土意识鲜明的蝴蝶兰引领风骚，这被戏称为“台湾阿嬷”的兰花之后，去年的兰展冠军是以一株三花梗七十六朵盛开十三点五厘米的大白花，长一百八十厘米花梗如流泉飞瀑的蝴蝶兰获得。赏兰看开品，其中有主观也有客观，听说现在最昂贵稀有的品种是达摩兰与水晶兰，达摩兰贵在它是原生种叶片端自然的突变，在墨绿色的叶片尖端与叶片边缘出现一条条滑溜的金黄色带，好滑溜像黄金蛇般越金黄越贵，一九七〇年间人们在台湾台东之大武山区发现这小矮兰，正在我的家乡附近，它可说是台湾原生报岁兰之矮化种，叶质肥厚、叶幅宽大、叶姿优美、体型小巧可爱，叶片有缕如金线的“缟”，叶缘有齿若细锯的“爪”，可说是国兰的极品，讲究可多了，什么鸡头、十公、六合；因无法以人工的方式培植，它的身价可喊至千万以上，人人疯达摩，我不疯达摩已够疯。炒作兰花最俗不过，兰花长在山区与世何干？各人爱其所爱，每个人都以为自己养出的兰花孩儿最美最俊。

是不是要等到情爱淡薄，才燃起对兰花的热情。

余既滋兰之九畹兮，又树蕙之百亩。
畦留夷与揭车兮，杂杜衡与芳芷。
冀枝叶之峻茂兮，愿俟时乎吾将刈。
虽萎绝其亦何伤兮，哀众芳之芜秽。

诗人在山边野外，诉说着对兰花疯狂的爱，或者是心死之后，爱上了蕙兰芳芷，或者远离非洲与爱情之后，真的只有种花一途？或者老去的容颜像讨债似的向花颜索回青春，哦，永不凋零的青春，谁能真正握在手中？

我的兰花热病一直隐埋在血液中，一直到现在才发作，都是台糖一盆几百的普通品，要的只是一种氛围，当你在兰房中静坐看书，那宁静的繁华，热情冷却后的微寒，让人觉得回到生命的起点。雌雄同体的兰花竟是无温畏光的花蛇，在热带高山中密密繁衍，矛盾的花朵，讹乱的根茎，像是从无情大地中挤出的最后一丝血花。

或竟是白蛇娘子的尸身，历经千万劫，被法海金刚杵捣成兆兆片，洒落海拔千尺高山，红的肉白的肤幻化成红蝴蝶白蝴蝶兰；或是大逆子哪吒剔肉还母抽肠还父的亲情伦理悲剧现场，遗留至今开成血迹斑斑的万代兰石斛兰；或者蛇化成仙，仙化成兰而成金黄一线达摩兰，令人一见频抽冷气，惊到无法言语。

我们共同经历的感情虽没这样壮烈，也有这样的惊魂动魄与痛入心扉，然而是什么让爱情冷却，我的话语纠缠，仍说不出个真，能被说出的已遭涂写，未被说出的永远是个谜，所谓的原初真的存在吗？

只有在兰房发呆的时刻，时间一刻刻老去，单独生活已十几年，提早过着老人的空巢生活，这令我分裂，有时分饰两角，老去的自己看着年轻的自己在草地上奔跑，就像母亲看着孩子嬉戏；有时我变成你，你变成我，坐在走廊上作黄昏的长长对谈；或者分饰好几角，过去、现在、未来，你我他共演一出悲欣交集的大戏。

如此我坠落于语言的暮色中。

周芬伶

当代中文作家，东海大学中文系教授。
以女性书写闻名，文字间既有感性的流畅，亦有精细的修饰。
著有《母系银河》《恋物人语》《绝美》等。

自己的房间

张耀仁 / 文

最终，那个房间只剩下我外婆了。

从前的时候，房间里总有不会停止的声响——八个孩子！孩子们说：渴了，她赶紧烧好开水；孩子们说：饿了，番薯签拌饭连忙端上桌；孩子们说——当然，也别忘了我外公：脾气忒坏，只消一个眼神便足以使人心绪紧绷，乃至大老远听见粗嘎漱痰，该准备什么就必须是什么了。

就这样，孩子们跑上跑下，外公跑进跑出，整座房子充盈着横冲直撞的喧闹，那样无从静谧、无从悠缓，一日将尽轻轻叹息便是全部的——生活。生活是赶往火车月台抢卖一个便当的囫囵吞枣，生活也是等待一锅红茶沸了冷了的日复一日——我外婆就这么一刻不得闲的，直到连锁便利商店进驻火车站大厅，这才不得不离开那爿杂货店，离开属于她的第一座“自己的房间”。

那时候，为了顾店她几乎都睡在店里啊，母亲说：“其实，伊心内足毋甘愿欸。”

不甘愿我外公走进隔壁的房间——起于迟迟不见子嗣，三十岁那年我外公迎来“另一个太太”，并在自家土地筑起两幢一模一样的透天厝——筑起两个不同的“家”。自此，“另一个太太”沦为我母亲这一系谱的一桩暗伤，一场眉眼间恒常难解的心事，每每提起，总得叮嘱这么一句：“不当输给伊们！”

许多年后，那些恩恩怨怨自屋里离开了，所有人也各自远走，仅存我外婆与一只唤米莉的西施犬，她们俩相依为命。每日每日，她拖着蹒跚的步伐，先是缓缓坐到那张烟味缠萦的藤椅上，对着我外公生前用惯了的烟灰缸摸了又摸，像是疼惜又像是万般无奈地吁口气。然后在那个于她而言再熟悉不过，而今折散天光，每一事物皆投下素描似的暗影的大厅底，闭上眼，侧耳倾听——有时，静静望向窗外——重温这座引渡她由青春至耄耋的家屋，每一刻度的变化，任凭日头一寸一寸落下去，最终漆暗。

最终，她走向屋后，临去前不忘叮嘱：“走，来去呷饭。”

未尝想过，会有这么一天，这幢三层楼的屋子竟变得如斯空荡。早在她与我外公经由媒妁之言肩并肩依偎着梦的同时，心底即预设着日后将有那么一天，远比任何人都要提前离席，离开花露水万金油撒隆巴斯混杂的这个房间——那时候，房间还很陌生，每一事物都必须重新定义：定义睡觉，定义装扮，定义举手投足——独独不定义情感或婚姻，因为她心知肚明，爱是一场实践而非口说无凭。

所以，在孩子哭闹、丈夫责骂以及顾客的吆喝声中，她度过几十年夹层似的时光，那近乎人潮群挤的市集底，几度失散终究抓住彼此的千里一线。为此，她感到骄傲，并惦记如何能够变身“真正的母亲”，一如她的母亲以及母亲的母亲，她们连少女（她们说：做小姐）的裙摆都还来不及细看，便罩上深色棉衣、宽腿裤，一副打从成长以来，即是以かぁさん（母亲）或阿妈示人的端庄与世故。

她们很早就老了。

老了的外婆成为墙上凝塑不动的一帧旧照片，连同屋子默默等待最终时刻的到来。在那张较为年轻的照片底，她两鬓犹黑艳涂口红，看望镜头的眼神有着不属于那个年纪的慈蔼，好似平常看望我的表情，关爱多于探究。她总问：有呷饱否？读册有第一名否？等到年纪稍长，她且问：咁找有头路？咁有打拚？再后来，她和我母亲串通好似的，嚷着：“啊有查某朋友，不就要带转来给阿妈看看欸？”

那时候，我微笑以对，几乎忘却自己正身陷一桩感情风暴，那样不知所终、不明所以的惶惑。遂揣度着：之于她，她们，何以自年轻起即确信爱情必然指向生命尽头？何以确信，枕边人不致一夕消失抑或某个转醒的清晨，面对指尖轻轻刮磨玻璃留下一条一条湿润的雾气，悚然惊觉：怎么会和这个男人？怎么会是这个男人？这类“早知当初”乃至“从今而后”——她们，难道未曾涌现这样的疑问？

极其明显，她从未怀疑、求索，甚至忧畏，即使面对“另一个太太”，她仍是那么有礼。在另一张较为年长的照片里，她变得比较丰腴，圆润的下巴突出与她这一劳碌之人并不相称的福泰，颈间项链闪闪发光。而她毫不扭捏，照例驯良地望向镜头，浑然不觉立于一旁的丈夫使她感到痛苦——也许不，所谓逆来顺受，天公伯要怎么对待咱，咱哪有啥法度？她约莫是这么说的吧。所以她持续守候车站大厅那爿窄小的杂货店，持续行止得宜张罗一家事务，从未对冗长时光里间或洒落的冗长黑影表达不耐。

车站里来来去去，她看着那些或迟疑或匆促的脚步，猜想它们各自的心事，领悟生命其实正是这么回事：无以言说，无以名状，终将抵达——抵达之谜。好比她和我外公，他们静静在各自的房间潜入梦中，静静过完无话的日复一日。当他们最终不再需要以愤怒或悲伤即能获知彼此的心意，她明白，他们此生将不可能分开，也不可能发生更多的情感，唯独坐守这一房屋，这一和隔壁共用同一墙面的透天厝。

每每，她聆听屋外窸窸窣窣的蛙鸣，以及过于墨黑而产生虫豸抑或綷縩摩娑的波频，怀想这些年来所经历的全部：比如两人最初的青涩，在花露水还不那么浓密的时刻，婚姻里的凡此种种都显得生疏而新奇。又或者后来的日子，隔壁房间屡屡发出呓语似的低喃侵扰着她，使她恍恍惚惚间，以为每夜都是场梦，而那只再熟悉不过的橘金灯罩亦可能言说表述。

公主彻夜未眠。寂寞的人坐着看花。思想起。

她为每一阶段里的自己感到惋惜。每个夜底，他们上演一场糟糕的罗曼史：男人早早发出鼾声，而她一夜无梦，深深觉到内里的某件重要事物就此失去——年轻的他们说也说不清感情为何物，却已是名实相符的夫妻。所以，当他躺下来，靠近她，她赶忙背过身去，涌上既羞且怕的震颤，仿佛灯罩也换上其他颜色，仿佛房间里有嗡嗡萦绕的蚊子，扰着她、提醒她，他们的情爱一点一滴被架空。

终其一生，她都无从理解那是怎么回事？一如终其一生，她困惑着隔壁似有若无的声浪究竟是梦抑或实情？

也因此，当她端详大厅那块高悬的匾额，表情总是忧喜莫测。在那“金玉满堂”的祝福里，有着太多不足为外人道的纷扰，但岁月终究为伤害带来了距离，也带来看似智慧的观察。隔着蚊帐，她发现那只灯罩不再妖幻如昔，不再沦为无梦之夜的象征物，而与我外公长年分房而眠的事实亦足以释怀。她收藏那段最后的时光：照顾他如看护自己的孩子，轻轻抚触他的额发，静静目睹他干皱的容颜，坏脾气的什么俱皆压缩于这副日益小下去矮下去的身躯，一点也不若青春时节底的巨硕与暴躁。

或者，她其实从未仔细看过他的肉体，而是想象。想象这辈子与这人共度一生的必然，想象衣橱里她的棉衣以及他的衬衫混杂了汗与脂粉，宛若每一对夫妻都曾发生的磨合与习以为常。她坐在他的身旁，观察这一切，像观察死亡即将临身的命运，安心于屋内悬浮的种种气味，逐渐退去的人声使她意识到：这座房子确确实实留下她了，她成为众多照片里唯一的诠释者。

孩子们越来越耐不住小空间，纷纷跨出大门朝车站直直走去，途中经过本地惯常可见的龙眼干、莲子甚或藕粉，他们停下来品尝，像品尝每日百无聊赖的生活忽而插入一首流行歌曲，流行的“向前行”在他们的舌尖翻跳，跳着跳着跳远了，然后忘记如何回家。而她坐在家门前，注视这一幕，细数多少年来屋内浮动的各式声浪，一旦真空，沉默便像夜里放大的钟面，顿挫着人们对于时间的认知。因而她学会自嘲以面对每一事件，将接下来的人生想象成一条夜行路——生命的启蒙呵。她在他的床头摆上一束野姜花，期待雨珠逗开它们。淅沥淅沥。淅沥淅沥。她和他面对面，面对命运到底还是厚爱她，使她最后依然拥有他，拥有一段有始有终的感情。

所以，当她缓缓走出门洞口，不相信一切已然结束。从前的愤怒与悲伤混合成无从感知的情绪，她怔怔仰视着这幢陪伴她多年的老厝——另一幢同样斑驳无光，唯独人去楼空——她抹去眼泪，见证一场失去的感情那般，反复探问：有谁真正活过？旧日的时光毫不留情朝她袭击而来，弹珠台般哗啦哗啦什么都有的分分秒秒，她不由怀疑：这些事事物物会否仅是她的想象？想象一幕屋景，一出在她心底反复排练的日常？

于是她坐在大厅底，坐到那张藤椅上，以她期望的方式复制我外公当年的姿态：敲敲烟盒，点烟，绵密的烟味贴附于身，于头发，平和而安静地回想这些年来之种种。声音束收，屋外的鸟雀扑棱暗影，庭埕前的那株木瓜树翻出嫩叶，又急又缓的这个午后呵，整座大厅沉浸于枝叶摇曳间，公妈桌上的立香歪着身——从今而后，谁还会回来呢？谁会记得这个家？这幢空荡的楼房，不折不扣成为她的第二座“自己的房间”了，真真正正一个人的，专属而独有的房间。

想当然尔，她不会知晓在她青春正盛的年代里，遥远的国度有一位作者宣称：“一个女性假如要想写小说，她一定得有点钱，并有属于她自己的房间。”她不可能也不知从何了解，为什么女人必须有钱有房间才得以写作？之于终其一生只认得自己名字的她而言，她所能去到的念头的边界，也就是坐在这里，在她生活许久充盈着汗水与花香的家门前，静静领受森凉的黑绿的树荫罩下来，静静看着细微的浮尘自被单掸动，而光线都成了海。

海波很重，极其缓慢而巨大的潮涌。生活也是一场永无止境的浮沉。倏忽，西施犬米莉嚷起来，惊扰了满地阳光，也惊动她的眠梦。她睁开眼，怔怔看着我，像看待一桩遥远的心事，宽阔的额庭又湿又亮，细碎的汗水颤抖着。我拿起手巾在她脸上轻轻拭着，想起准备联考的那个夏天，当我糊里糊涂睡去时，她同样温和地看着我，同样为我擦汗、递水，仿佛紧锣密鼓的重考生活也不那么羞惭而被宽容地谅解，谅解作为人的良善与罪愆何其难解，一如我外公，一如她，他们的情感从不说抱歉。

就这样，那座房间终究只剩下她了。即便如此，至今我仍记得那个下午，当我外婆真正转醒后，先是照例侧耳倾听，继而盯住屋外一寸一寸低下去的日头，然后缓缓站起身来，像许多个日子那样叫唤着随意乱窜的米莉。原以为她要转入屋后，但那一刻她伸出手来，偻身抓住我的臂膀，希望我陪她去王宫庙前买一碗豆菜面。

我说，阿妈，我去买转来就好啰，一段路远兮兮欸。

我外婆看了看我，又看了看即将蒙上灰蓝的大厅，以柔和但不失坚定的语气说：我想出去走走。

她说，我要出去走走。

张耀仁

台湾作家。

追忆逝水空间

郝誉翔 / 文

我出生在寅时。子丑寅卯。凌晨三点到五点。

如今的我，不知为何也经常在这个时刻醒来，忽然间就睡意全无。我躺在枕上，睁开双眼，望着灰蒙蒙天光从窗帘的缝隙依稀流入，流到我的指尖。就在这一个光明与黑暗交相渗透的暧昧时刻，四周悄然无声，生存这一件事却变得非常不可靠起来。我果真还活着吗？而此刻躺在此处的躯体又归属于谁？魔幻的光影扑朔迷离，从天空中一点一滴筛漏而下，但接下来究竟会是白天呢，还是黑夜？我努力想要让自己再次地睡去，却发现时间变得漫长到格外难挨，床头的闹钟传来分针与秒针规律竞走的嘀嗒声响，是的，漫长得就像生与死的距离一样，而我正悬浮在这两端的正中央，微微战栗的绳索宛如一道电流穿过我的心脏，莫名的悲哀倏忽淹没了我。或者应该说，是生命本身的重量震慑了我，它压住了我，就在这个众人皆睡而我独醒的时刻，压得我如此之深之沉，让我宁可自己就从来没有降临到这个人世间过。

于是我又仿佛看见了四十年前的那一个早上，同样是在寅时，三点到五点，季节是秋末，空气清洁冰冷，为所有的事物抹上了一股不真实的蓝光。落叶无声铺满一条大街，街上却悄无行人，而医院就坐落在街的尽头，在一天之中，再也没有一个时候比这更加安静的了，夜里送来急诊的病人早就被安置妥当，躺在床上一边打着点滴，一边沉沉地入睡，而值班的医生和护士在忙了一整夜后，也全都累到趴在桌上小寐，负责接生的主治医师才刚从家中温暖的被窝爬出来，在赶往医院的半路上，但我却已经迫不及待要探出头来了。

我的母亲发抖着，打开她细瘦的双腿，痛苦哀号了一整夜后，她的声音变得沙哑又凄厉，仿佛是在为自己，也为这个不懂事的、固执非要来到这世上不可的小生命而哭。她阻止不了，只能不停地哭。就在这一刹那，我的父亲却推开护士，他卷起袖子，弯下腰，伸出一双手，决定自己亲自迎接我的到来。

我的父亲是一位退伍的军医，山东平度人。

一九四九年，他跟随烟台联中来到了台湾。那是一支由将近万名师生组成的浩大队伍，在校长和老师的带领下，从青岛一路搭火车蜿蜒南下，走走停停，经过了湖南、上海以及杭州、广州，然后改搭轮船渡过黑水沟，来到了澎湖的渔翁岛。

渔翁岛是一座贫瘠又荒凉的小岛，光秃秃的地表，终年被东北季风无情地吹刮。这一群学生想再转往台湾念书，却被编了兵，在澎湖的烈日下每天拿枪操练，直到有一天，他趁着被派去马公采买伙食的机会，悄悄地从船上跳下来，头也不回地跑了。

在澎湖的炎阳照耀下，石板街道滚烫得发出刺眼光芒，他跑去找舅爷。舅爷是警察，奇怪的是，不知是被穷困所迫还是别无出路，平度人当警察的似乎特别多，也随国民党来到了澎湖，正驻扎在马公。舅爷帮父亲弄到一张身份证。证件的主人恰好和父亲同姓，也是一路从山东逃亡到这儿的外省人，却不幸得了急病死了，孤家寡人一个，便随地草草埋葬掉，而我父亲顶替了他的证件，从此以后，便以这个人的身份继续活了下去。在身份证上，除了姓氏仍然没有改变，代表他还不能忘本之外，其余登录的资料全都不是他的，所以一直到父亲过世时，我们都还不知道他真正的年龄。而他也始终不肯讲，就怕自己会显得老。

拿着这一张顶替来的身份证，父亲搭船去了台湾，本来想考大学，却错过了时间，只剩下军事医专还在招生，他稀里糊涂地跑去报考，就在战时一切皆为速成的训练之下，两年后，他就穿上了白色的海军制服，成为一名军医。当我出生时，他早已退伍，改在高雄的建功街上开了一间小儿科诊所。

于是就在一个分不清楚究竟是白日或是黑夜的凌晨，在高雄的铁路医院，父亲从母亲的身上迎接了一个新的生命。但我猜想，在那一刻他心中并没有太大的喜悦，因为他已经爱上了自己诊所的护士，一个正值青春年纪的女孩，来自于台湾东部的好山好水，所以有着一双灵活清亮的大眼，头发绑成一条粗黑的长辫，垂在她丰满的胸脯前。父亲早就暗自有了和母亲离婚的念头，而这件事情在我诞生的几个月之后，终于成真。从此，他便从我的生命中遁走，沿着另外一条铁轨通向我再也无法介入的人生，而他越走越远，越走越远，铁轨不断向地平线刷刷地延伸过去，分歧、交叉又复涣散开来，直到在天边消失成一个我再也无法辨识的，陌生的小小黑点。

而这个时候我的母亲躺在产台上，生产过程的漫长痛苦，让她虚脱到开不了口，全身上下冷汗涔涔。她偏过脸来，漠然地看了我一眼，也没有太大的喜悦。后来她还告诉我，就在那一刻她的心都凉了，因为我又是一个女孩。而这已经是母亲的第四胎，前面三个全是女儿，她或许寄望如果我是一个男孩，可以让父亲回心转意也说不定。对于未来，她充满了不确定的恐慌感，要远远大过于对一个新生命的期盼，这已经是我母亲的第二段婚姻了。她清楚地明白，自己再也承受不了又一次的失败。

她的第一段婚姻是发生在二十岁时，才刚从女师专毕业的那一年。

我曾经看过母亲那时的照片，头发剪得齐耳根短，还来不及留长，脸庞保有青春时期所遗留下来的丰润和肥满，而不像中年以后的她，变得那么的扁平瘦削。她的眉毛按照当时流行的样式，画得又粗又弯，嘴唇微嘟着往上翘，涂满了鲜红的唇膏。那是一张还没有经历过任何风霜，所以才能够保存得如此完整又纯粹的脸，一张没有欠缺、没有遗憾、没有扭曲的脸，就像是一朵在清晨独自怡然盛开的白色花蕊，让人不忍心把它采摘。然而，那一张脸却在我出生之前，就已经悄悄地消失掉了。消失得一干二净，就连同躲藏在脸孔后面的爱、梦想与天真，也都一并消失掉了。以至于她们日后看起来，就像是两个拥有截然不同身世的女人：她们彼此之间毫无关系，也互不相识。

母亲的第一段婚姻是招赘的。

我的外公是澎湖人。日本殖民统治时期他从马公搭船来到高雄，在哈玛星港口上岸，落脚打拼生计。据说，他起初跟着兄长，在南部一带包揽营造工程，收入还算不错，但也因此染上家族的恶习，钱一到手，就相约到酒家吃喝玩乐殆尽，甚至染上了难治的隐疾。关于这一段母亲总说得暧昧，紧蹙的眉尖流露出极度的厌恶不屑，警告我们要远离外祖父碰触过的一切事物，譬如餐具器皿，尤其是马桶。也因此，原本身体就很孱弱的外婆更患了严重的洁癖，很早就与外公分房，在生下两个女儿之后，便再也没有任何子息。母亲是长女，外公坚持要为她招赘。根据母亲的回忆，那个年代只有从大陆漂泊来台湾的外省人，无羁无绊又没有家累，才愿意入赘到本地人家。于是透过媒人的介绍，母亲嫁给了一个从福建来的警察A，一直到晚年，母亲都还认定是招赘的婚姻害惨了她。不过，当初她嫁给A，也未尝不是出于自愿。A长得非常帅气，身材高，口才好，又很会跳探戈，在每年警界的联欢晚会上，都是出尽了风头的焦点人物。即使数十年过去了，A的照片也都还一直保留在我们的家庭相簿里，被默默地收藏在橱柜的角落，就像是一段虽已尘封但仍旧不忍割舍的少女旧梦，即使其中充满了不切实际的浪漫怀想，以及深入皮肤肌理再也无从起出的难堪回忆。和A结婚的第一年后，母亲便生了大姐，过了一年，又怀上二姐，但这时A却因为一桩暧昧的绯闻，被同事T枪杀了。

T也是一个从祖国大陆渡海来台的外省人。

奇怪的是，为什么总是外省人如同被神遗弃诅咒的流亡一族，化成幽暗鬼魅，始终缠绕着我们的家族记忆不去？T的年纪要比A大上许多，出身背景我们并不清楚，只知道也娶了一个本省的女人。那女人没读过什么书，长相也算普通，但个性却十分活泼，朋友也多，经常拉A加入她们的聚会。不知是否T不谙闽南语，语言不通的缘故，他开始怀疑自己的妻子出轨，和A私底下有了不伦的恋情。但这一切也只是猜测而已，直到今天没有人知道事实的真相。真相早已被埋葬在几颗冰冷的子弹下。

事情是发生在一个春天的早上，时间还不到中午，阳光既和煦又温暖，静静地晒在高雄的大马路上。在二十世纪五十年代末期，台湾街头还没有几辆汽车，只有三轮车和脚踏车缓缓驶过去，扬起了一阵阵令人愉快的微风。A是铁路警察，在高雄火车站工作。火车站是一九四一年日本人建造的，在当时看来，应该还算是一座相当新颖前卫的地标性建筑，多层次的气派屋顶，大胆融合了西方古典主义和东方帝冠式的风格。就在上午十一点左右，A的身影便从那一座巨大的屋檐底下出现了，他刚刚换下警察的制服，把腰间的佩枪交给前来接班的同事T。而从高处俯瞰的角度，我们看不见A的脸孔，但是他身上穿着一件好看的白色衬衫，薄薄的西装长裤，走路时挺直的背影，充满了春日所有的希望和朝气，而这幅画面看起来是如此的自然祥和，绝对不可能引起任何人的怀疑。

A悠悠地走过了火车站前的大街。

然后他向右转，沿着高雄中学的围墙一直往前走，走过了高大油绿的马拉巴栗，走过了小叶榄仁伞状的树影，细小鲜翠的叶子在他头顶上方闪烁着，他不禁开心地吹起了口哨。他一直是那么喜欢音乐和跳舞的人，就连走在马路上，都仿佛听见空气中流动着无声的欢乐节奏，于是他轻巧地踏起步来，穿过墙边一条无人的巷子，巷里栽种着几棵茂盛的杧果树和椰子树，树下是木造的日式屋舍，一间间整齐地排列过去，顶上一律覆盖着黑瓦。A似乎看到瓦上睡着一只洁白的猫，在沉静的阳光下发出不可思议的神秘光芒，若是在平时，这一点小小的细节绝不会引起他的注意，但是那一天，或许春日太过美好了，唤起了他对所有事物的好奇和爱怜，于是A不禁放慢了脚步，眯起眼，就在那一瞬间，他忽然听到身后响起一阵急促的皮鞋声，啪嗒啪嗒的，正在大跨步朝他奔跑过来。他正感到奇怪却还来不及回头的时候，两声巨大的枪响已经划破了空气。他的同事T用他刚才交接的那一把枪，杀了他。

A倒卧在大街上，原本空中流动着的、无声的欢乐节奏，此刻变得具体而且无比清晰了，原来那是他心脏在扑通地跳动，血管破裂时所发出的嗤嗤的声响，让他想起了有一回买给女儿的红气球，在泄气时，也是发出类似的声音，一想到这儿，就仿佛有无数的红气球铺天盖地朝他飘过来，然后纷纷地落在他白色的衬衫上，啪地爆裂，溢出了大摊大摊的红色血泊，在白日下格外的鲜艳。而那双原本在后方奔跑的皮鞋，也终于来到A的眼前，但他已经没有力气抬头去看了，皮鞋的主人究竟是谁？那双皮鞋只停了几秒钟，便又啪嗒啪嗒地，一路跑远了。

T站在A的面前，喘着气，却来不及弯下腰去查看，因为他还有更重要的事必须完成。他停了几秒，便继续沿着马路一直往前跑，跑到三民街自己的住处，一座砖砌的简陋矮小平房，他的妻子坐在门口喂小孩吃稀饭，一不小心把汤匙掉在地上，所以转身走进屋子里去换，就在这命运的一瞬之间，T已经来到了家门口。T首先看见坐在学步车里一岁多的儿子，四下张望，却找不到妻子的身影。但他没有时间再犹豫了，他已经惊动了路人。他听到背后远远传来一阵阵的骚动和叫喊，不知道他们究竟在喊些什么？仔细一听，却又什么都没有，周围静悄悄得吓人，他只能听见自己巨大的呼吸声，在胸腔内剧烈地上下起伏。春日飘浮在空中无所不在的花粉，此刻香得令人几要窒息，于是T绝望地举起枪来，用剩下的子弹杀了自己的儿子，然后自杀。子弹准确地贯穿了他的太阳穴。

而这一切只在短短的几分钟之内发生，没有人来得及阻止，太阳在天空中依然温柔地照耀着，而火车也依然在一条深黑色的铁轨上，来来回回地仓皇奔跑。就在那一个表面上看起来宁静而无所事事的、春日的上午。

A过世了，情杀的消息登上报纸头条。在保守压抑的二十世纪五十年代末尾，我的母亲不顾周遭人的异样眼光和窃窃私语，半年后生下我的二姐，继续留在原来的小学教书，放学后，就拼命给学生补习，用赚钱来遗忘悲伤，填补生活的空当。从此以后，赚钱成了她一辈子根深蒂固的恶习，解忧忘愁的万灵药，而除了这一件事以外，她似乎什么也学不会。

一直到事隔八年之久，她才又在亲戚的介绍下认识了我的父亲。根据身份证上的记载，那时我的父亲已经四十岁了，但恐怕实际的年龄还要更老许多。婚后的第一年，母亲生下我三姐，隔一年，又怀了我。怀孕就像是一帖挥之不去的魔咒，永恒轮回的噩梦，当她挺着大肚子，察觉到我父亲和护士之间有了异状后，她陷入很大的恐慌。上一次婚姻留下来两个女儿，已经太多，而这一次，居然又要再多添两个？所以她不能再放任事情这样发展下去了。她的恐惧和不安，也传染到我两个已念中学的、同母异父的姐姐身上，她们因此被送到我阿姨家中去住，远离这一座屋檐底下酝酿的躁动和不安，而我的母亲则选择留下来，努力挽救这一段如今看来已是岌岌可危的婚姻。

正因如此，在我童年的记忆里，大姐二姐的影像总是时断时续的，她们会忽然间在某一个时刻出现，坐在家中的椅子上，俯下身来，伸出手指来逗弄着我，脸孔苍白但是五官却很模糊。有时她们又会忽然远去，有如一阵来去不定的缥缈烟雾，留下甜甜的少女气味包覆在屋内的每一件事物上。但这一切又似乎只是出于我的恍惚错觉罢了，因为我揉揉双眼，再定神一看时，只见到眼前一屋子空荡的家具，细微的粉尘定定悬浮在南台湾的阳光之中，而它们是如此自在安静，不受打扰，仿佛这里从来都没有人出现过。

当我的母亲躺在产台上，看着我初生的脸孔，她的内心或许是充满了矛盾和绝望，也或许，她就和这个特殊的时辰一样，陷入了一种不知接下来究竟会是白天，还是黑夜的迷惘。或许她会安慰自己，否极接着就是泰来，命运不可能如此残酷，再一次向她开了恶意的玩笑。但事实却不然，它证明了：没有人可以抵抗地球的转动，世界早就按照它既定好的轨道运行，所以事件的发展也绝对不可能逆转。为了表示离婚的决心，向来急性子的父亲，竟采取一种非常激烈又突兀的手段来结束这段关系。他跑去母亲任教的小学，当着许多孩子的面，把她从教室的讲台上拉下来，拉出校门，拉过大街，一直拉到法院去宣告仳离。

而这就是我们在高雄的生活，看似由伤痕累累的记忆一点一滴堆叠而成，但幸运的是，关于这一切，年幼的我却是一无所知。反倒在我脑海留下来的印象，全都是一幕幕美好闲适的田园牧歌。我还记得每天早晨卖豆花的老人，挑着扁担，吆喝着经过门前，我们就赶紧握着铜板和碗出去买。老人的吆喝声悠远苍凉，不像在叫卖，反倒更像是在发出一声又一声的长叹。还有端午节快到了，我坐在厨房的小板凳上，看着外婆绑粽子，她的手艺又快又好，没多久，就绑了一串又一串油亮肥胖的深绿色粽子，然后拎起来，放到烧滚了水的大炉灶中去煮，煮得整间房子都是浓浓的粽香。外婆也擅长养鸡、养鸭，傍晚时分，火红的晚霞落了满天，我跟随她拿着竹竿网子，走过长长的田埂，到池塘边去捞浮萍喂鸭子，或是坐在小小的后院，看她杀鸡，耐心地用夹子一根根拔去鸡皮上的羽毛。外婆总是一边拔毛，一边说故事给我听。她指着落在天边的半屏山给我看，要我猜为什么山头不见了，只剩下一半呢？我摇摇头。她说是因为有一个好心的仙人下凡，把山铲了，搓圆仔去卖帮助穷人的缘故。

被外婆一说，那远方墨绿的山峦和近处青翠的田野，也变得恍然有灵了，在风的吹拂之下，荡漾起悠悠的波光。在一个孩子的眼中看来，被这日常所包围的生活自然而然，也实在没有什么可以感到缺憾了，只除了外公见到我们姐妹时，偶尔会轻轻地咒骂两句，说我们全是外省人，是外省人留下来的孽种之外。

是的，外省人。他们指着我们四姐妹说。

因为母亲生的都是女孩，两次招赘成了可笑的徒然，甚至是对于男丁贪念的惩罚，而四个姐妹也全都跟了外省父亲的姓，没有一个延续外祖父的，因为没有那个必要。于是一个奇怪又稀少的外省姓氏，戴在我的头顶上，一看就知道不是出自于本地的，而是可疑的外来者。

外来者。流浪汉。流亡之人。履历不明。顶着一张冒名的身份证，不安不羁的荒唐灵魂。我背负着父亲的姓氏，就像是背负着一桩桩不可洗涤的原罪：不负责任、堕落、反复无常、暴力、坏脾气，隐藏在遗传血液之中的性格，从我牙牙学语时便可以见出端倪，都一再让人联想到了我的父亲。而他们对着我，指证历历地说：这是外省人留下来的孽种。

就在如愿离婚之后，父亲却没有立刻和那位高山族小护士结婚，不知为了何种细故，他们吵架分手了，这或许燃起一些父母复合的希望。在我三岁时，母亲又带着三姐和我，搬回父亲的诊所去住了三个多月。如今我还清楚地记得，父亲骑着一辆伟士牌摩托车，雪白的，每天都擦得闪闪发光，黄昏时分，他就载着我们全家人去澄清湖兜风，骑在大街上非常招摇。至今我对澄清湖都还保有美好的印象，也全是源于那一段家人团聚的短暂时光。

但短暂的团聚，却反而更印证了父母之间再也无法弥补的裂痕。这一回，父亲又爱上了诊所新来的护士。那护士的皮肤又薄又白，薄到青色血管几乎隐约可见，是一个比水还要剔透的女孩。她最喜欢趴在挂号处后面的小木桌上，埋头画洋娃娃，每一个都有水汪汪的大眼睛和长长的鬈发，头上系着斗大的蝴蝶结。我和姐姐年纪小，总是缠着她画娃娃，画了一张又一张，画好了，她就拿去贴在诊所的墙壁上，贴得到处都是，一双双不成比例的大眼，梦幻又带了点莫名的忧伤，充塞在诊所的每一寸空间，上上下下不定飘浮着，直盯着来回过往的人瞧。私底下，母亲不禁埋怨起来，半夜上厕所，猛然一下撞见墙上人影幢幢的，还真是有点毛骨悚然哩！但父亲却笑眯眯地也不阻止，反倒还称赞护士说，她画的娃娃简直就和她本人长得一模一样。

于是就在三个月后，某个深夜，父母爆发了激烈的口角，父亲勃然大怒，把母亲从床上揪起，一把抓住她的头发，抄起地上的拖鞋劈头就是一顿狠狠的痛打，任凭我和姐姐跪在地上大声哭喊求饶都没有用。母亲浑身是伤，再也没脸待下去了。她终究带着一双女儿黯然地搬离诊所，只留下了父亲、护士，和那一屋子数也数不清的洋娃娃。

我们搬出诊所，换了好几个住处，我也换了好几个幼儿园，从此我对家庭不复有完整的记忆。那里面的成员总是流动不定，一下子有父亲，一下子有外公外婆，一下子有阿姨，一下子大姐二姐又不知从何处幽幽地冒出，不同的脸孔在不同空间中时隐时现，如同走马灯一般掠过我童年的风景。而那是我最初的小宇宙，混沌未开，一切事物都失了先后的秩序，全被压缩凝练入一个小圆球之中，同时并存重叠交织，却又朝外涣散分离，当想要再追回之时，也只剩下一幅幅不连贯的蒙太奇。

郝誉翔

台湾大学中文系博士，曾任台湾东华大学中文系教授。曾获联合文学小说新人奖、时报文学奖等，著有《上海教父1920》《衣柜里的秘密旅行》《松鼠自杀事件》等。

春日午后的甜腻及其他

柯裕棻 / 文

春天的午后花瓣一样柔软而缓慢，薄而透，温度和湿气一点一点微微起落，像是酿着什么炖着什么，声音气味和色彩都化在一起了。近黄昏的时候，捂了一下午的春暖气息腻得人发昏，再坚硬的骨头或念头也都绕指柔了。

就在这又热又软又甜的氛围里，黄昏的烟尘一蓬一蓬浮上来，我闻见了某种更热更甜更软的气味。这气味也不知道该说它应景，还是说它锦上添花烈火烹油——唔，这的确是烈火烹油，那一锅子油噼噼啵啵冒泡飞溅的声响，隔着后面防火巷，都还清晰得让人怕溅着了自己。

这味道和声响都非常熟悉，但是某种不明的错置让我一时无法指认这究竟是什么。这是铁锅热油炸着什么的声音，这是某种热甜软的食物，它有某种豆果的香气，我知道它的口感和味道但忘了它的形状，因此它落入了语言外的黑洞，我全身的感官都认得它却偏偏说不出名字。

短暂的失语状态使得语言之外的其他印象浮了上来。这些都是多年来不曾想起的视觉碎片，我想起了母亲的浅紫毛线衫和暗红厚棉裤，还有老家厨房的白色瓷砖，又沉又重的黑铁锅，飞溅的热油激烈地庆祝着什么，以及那些在油里翻滚的炸物——它们看起来全都欢欣鼓舞的，白色大瓷盘里高高叠着炸好的金黄的这些，偷吃的时候嘴里烫得不得了。它的小渣屑也非常好吃，油滋滋的手随便就往毛衣上抹。

记忆的蒙太奇何其巧妙，两秒之内这些画面冒了出来。

哎，炸年糕！都过清明了这！东南风又潮又闷，后巷子某户人家竟然炸着红豆年糕。真是不合时宜呀，我想。谁从冰箱的底层发掘了尚未发霉坚硬如石的旧糕？这样黏腻，湿热，甜烂的日子，也不怕上火？

这气味原是属于过年期间呵着白雾哆嗦的寒冷，应该有鞭炮声和风干腊肉的气味远远地衬着，它应该和俗烂的贺岁节目一起囫囵吞下，最好还有冬片茶酽酽一壶，让人清醒得足以消化并忘记这些。怎么忽地从这密密渗汗的春日午后出现，难怪整个感官记忆都错乱了。

我走到后阳台上去确认这无端出现且过于滋补的香甜。糯米裹了蛋液之后下热油发出的特殊甜气，红豆淡淡的青涩的香，炸油在锅里咕噜咕噜的回音急促而深切。

这么听闻着，仿佛已经吃了太多，竟隐隐地胃痛了。

柯裕棻

台湾作家，大学教授。著有《青春无法归类》《甜美的刹那》等。

别后

杨明 / 文

钱钟书的《围城》里这样写道："心像和心里的痛在赛跑，要跑得快，不让这痛赶上，胡扯些不相干的话，仿佛抛掷些障碍物，能暂时拦阻这痛的追赶。"你走了以后，很长一段时间，我就是这样的感觉，我不能提到你，和你相关的事也不能，可我的脑子又无法控制地不断想到你。我觉得自己接下来的人生像是一本装订错了的书，还遗失了许多书页，再也无法拼凑出原本的样貌。

当你失去一样珍贵的东西时，总是会忍不住回想起，初相遇的甜美，那甜美在初遇的那一刻，其实还不知情。

第一次见到你，是在台中绿川边上的仁友公车站，你和JZ在一起，后来我才知道你们刚去千越百货二楼吃牛排，而我刚从新大方书店的地下室走回地面，这样的相遇，我总觉得你们略胜一筹。JZ为我们做了介绍，JZ是我幼儿园时代一起长大的朋友，而你是她中学最好的朋友，至少她是这么告诉我的，你随口和我开了个玩笑，虽然一身拘谨的白衣蓝裙校服，顶着傻气十足的短发，但你看起来很开朗。那一年，你十六岁，我十五岁，从此我们开始了长长的相伴。现在回想起来，消失了的不仅是你，在更早的时候，千越百货公司和新大方书店就已经从台中的地表消失了。

教室里，学生的课堂报告，讲的是王小波，太太到国外进修时，因为心肌梗死过世，死时独自在家，身边再无他人，和你一样，你离开时，也是独自一人。那时的他比现在的你年轻，黄泉路上无老少，道理我懂，却无法因此觉得比较能接受你的离开。年轻的学生望着我，轻声说，老师，生命无常啊！

他们不知道，你走了，我失去的不仅是你，还有我们共同的记忆，再无凭证。二十三岁的时候，我出版了第一本小说，高兴地叫你去书店买，那时候新大方还在，我常故意走下楼梯看老板将我的书放在哪儿，如果凑巧遇到有人正翻阅我的书，我就会在心里高兴上一阵子。我想你是为我骄傲的，每次你向别的朋友介绍我时，总说：“她是写小说的哦，以后她会写一本小说叫作《我的前半生》，主角就是我。”现在我却发现，随着时间的流逝，我们相伴越久，我越不知道如何写你，以及属于你的故事。

你一直想披上白纱，至少一回，感情路上却一直所遇非人，始终没能完成心愿，虽然你曾开玩笑说，我结婚，可使全天下的男人都得到解脱，只有一个男人倒霉；但如果你嫁人，就是全天下的男人损失，只有一个男人得到幸福，所以你才没嫁。

下课钟响，我收拾好东西从前门走出教室，一男一女两个学生追着喊我，接着讨论刚才课堂上提及的作品，男同学说，老师，这篇小说里的主人公似乎随时可以抛下自己的人生，这是不现实的啊！我随口反问，你认为现实人生是怎样的？女同学抢着说，至少要结婚生子。

成为一名贤妻良母是你中学时代的心愿，却直到你离开人世都没能实现。学校毕业工作数年的你勇敢和同事一起离职创业，却也为日后多舛的命运埋下伏笔，昔时共同创业的伙伴卷款潜逃，你几番挣扎，依然无法再起。爱情和事业的双重打击，我甚至不知何者伤你更重。

婚前，我曾经住在你楼下，后来又搬到你对面，去台中看你时，我留意到你对面的塔位仍是闲置的，我犹豫了一下，要先订下，将来继续和你当邻居吗？那段日子，不上班的时候，我们常常一起逛街吃饭，忠孝商圈的高雄木瓜牛奶、温莎小镇、圣玛莉咖啡，往东的赛马意大利餐厅、明洞韩国料理，往南的钻石楼、躲猫猫，往北的京兆尹、中兴百货，我们曾经出入的这些地方，都已从台北地图彻底消失。消失的名单上，最让我们念念不忘的，当然就是我们曾在新生南路经营的PUB蝴蝶养猫，和延吉街的三布五石。

一九九二年一月，我们不经思索地顶下了第一家店，那时你每天从贸易公司下了班就去开店，等到十点半，报社下班的我也就来了，一些不明就里的酒商背后称呼我们是苦情姐妹花，以为姐姐辛苦供妹妹读书，妹妹夜校下了课就赶来帮姐姐。这些镌刻着我们足迹话语的场所，通通在你离开前业已消失，记忆还留下些什么给我，竟像是我平白哄了自己一场，欢笑悲伤全没了凭据。

校舍走廊光线幽暗，尽头的玻璃窗洒进的大片阳光，尚不足以漫淹至脚边。我说，人生有很多种选择，不是仅有单一选项，女同学仍在抢话，我妈说，中国人最重传宗接代，孩子一定得生，那么晚生不如早生。简洁有力的人生哲学，你也曾这样想吗？怎么没人告诉你，如果你这样做了，人生会有所不同吗？我忍着没跟学生说，人生除了死亡，其他所有选择都不是唯一不可变的啊，生孩子不是，结婚更不是，只有死亡才是。

我以为无论人生怎样往下走，至少我的身边还有你，在我们老了以后，一起啰啰唆唆地数叨着，我们以前哪……我从没想过你会比我们之中的谁先离开，一起变老成了不可能的愿望时，原本对衰老的无奈与哀伤，此刻却突然有了几分温馨，只是我永远失去了这机会。你走的那天，我在杭州，回台后，朋友向我说起你走后的种种，我脑子里浮现的却是杭州窗外的雪景，接到你骤然离世的电话时，我正在厨房准备晚餐，挂了电话后，我回到厨房打开瓦斯炉，在锅里倒入油，依序放入葱段、肉丝、木耳和金针菇，我完全不相信你已经走了，我继续工作、吃饭、睡觉，直到有一天早上醒来，发现窗外的街道、花圃、屋顶，全都覆盖着白雪，在白茫茫的世界里，是贾宝玉回身告别俗世的雪地，我突然明白，你走了的事实。

我想起了小说《City》中的一段对话：“我为什么还活着？”“这是酒吧，你要教堂的话，在路的那边。”龙舌兰酒吧从台北消失了，酒吧对面的天主教堂还在，我曾以为那座教堂会先搬走，寂寞的夜晚，微醺时我们也曾拿那座教堂开开玩笑、发发感慨，原来生死问题只适合教堂，不适合酒吧。

过了七七，我才梦见你，也是在你的酒吧，你见我来了，却没和我说话，反而打电话给二叔，要二叔催我快走。我听见你说，杨明来了，二叔问，你没告诉她吗？你回答，我没想到她会来这啊。朋友听完我的梦，推测我误入冥界，所以你急着要我走。

就是在我认清你走了是无法改变的事实的那一刻，我恍然明白，白雪是上天给人类的恩赐，这是生存在亚热带的我们没能发现的。每年隆冬的白雪将一切覆盖住，你熟悉的街道、楼宇，游走潜藏其间的爱怨欲嗔，一并不见，你以为在你心里，但眼前不见，遂失凭依，北国冬日，原是休憩之际，田里农活已停，万物俱休，直到来春，人的心念也在白雪皑皑的覆盖下冷寂了下去，不得不放下。我们却不明白天地四时的道理，执着盎然爱欲，炽烈不息，只知夏耘，不知冬藏，于是你提前用尽额度，刷爆了时间给你唯一的一张卡，直到离去的一刻，才不得不学会了放手。

我也必须松开我的手，前去台中看你的那天，朋友嘱我别哭，有人说生者的眼泪，会让往生者不舍离去。于是，我对你说，既然走了，就放心地走。你曾说你没法像我一样，在感情尚未耗尽前潇洒离开，这回你不就这样做了吗？抢在我前面，去了另一个国度。随着年龄的增长，愈来愈多的朋友去了那一边，我宁愿当作你们移民了，总有一天我也会拿到那一个国度的签证，只是这一回你竟然背着我偷偷先办了。

徐志摩的诗，我们年轻时曾经唱过的：假如你愿意，请记着我，要是你甘心忘了我。在悠久的坟墓中迷惘，阳光不升起也不消翳，我也许，也许我还记得你，我也许把你忘记。

那时不懂的哀伤，岁月已经都教给了我们。

杨明

台湾作家，东海大学中文系毕业。杨明的创作在台湾一直深受好评，频频获奖。著有《她的寂寞她知道》《学会放心和放手》《抓住爱情的滋味》等。